1.000 TESTS ESPAÑOL

nivel 1

Primera edición 1995

Editorial Stanley

Escrito por
Eduardo Rosset
Miembro del Colegio de Licenciados de
Filosofía y Letras de Euskadi.

Editado por
Editorial Stanley

Diseño y Maquetación
Angela Gómez Martín

Diseño portada
Esquema

Imprime
Gráficas Orvy

I.S.B.N. 84-7873-260-8
Primera Edición 1.995

1.000 TESTS ESPAÑOL

nivel 1

1. Hoy no ...... tranquilos en este sitio.
- a) estemos
- b) estoy
- c) estamos
- d) somos

2. Ellos ...... portugueses, pero viven en España.
- a) son
- b) están
- c) sois
- d) serán

3. Me gusta ...... con mi padre en el taller.
- a) trabajo
- b) trabajar
- c) trabajan
- d) trabajáis

4. En el parque ...... 3 niños y 7 niñas.
- a) hay
- b) están
- c) ay
- d) son

5. Mis padres ...... en un pequeño pueblo del norte.
- a) viven
- b) vida
- c) vivís
- d) vive

6. Mi hermano ...... tarde por la noche porque tiene mucho trabajo.
- a) está
- b) es
- c) llega
- d) va

7. No vivo ...... San Sebastián, pero me gusta mucho esa ciudad.
- a) a
- b) en
- c) por
- d) con

8. ...... cansado, me voy a la cama.
- a) Soy
- b) Estoy
- c) Llegar
- d) Ser

9. María ...... preocupada por la salud de su madre.
- a) es
- b) está
- c) va
- d) toma

10. Los lunes ...... 3 horas de clase en la universidad.
- a) soy
- b) voy
- c) llego
- d) tengo

11. ...... la mañana me levanto muy temprano.
- a) Hasta
- b) Con
- c) En
- d) Por

12. ...... los años 80 había menos paro que ahora.
- a) A
- b) En
- c) Sin
- d) Por

13. Los lunes ...... todas las revistas extranjeras.
- a) estuvieron
- b) llegaron
- c) son
- d) llegan

14. El niño ...... ahora en clase de francés.
- a) es
- b) está
- c) va
- d) llega

15. ...... tu ayuda no puedo hacer esto.
- a) A
- b) Por
- c) Sin
- d) Hasta

16. El lunes voy ...... descansar a la sierra.
- a) para
- b) a
- c) hasta
- d) al

17. Luis ...... un chico muy tímido e introvertido.
- a) hay
- b) va
- c) está
- d) es

18. Susana tiene 6 perros en ...... casa.
- a) mi
- b) las
- c) su
- d) sus

19. Esta mañana ...... a tu hermano en la calle.
- a) ves
- b) veré
- c) veo
- d) he visto

20. ...... la casa de Maite no hay calefación central.
- a) Sin
- b) Por
- c) A
- d) En

1. Necesitas un ...... para escribir la carta.
a) goma
b) ticket
c) bolígrafo
d) pluma

2. ¿...... ya listo para salir?
a) Eres
b) Estás
c) Vas
d) Ser

3. Si lo necesitas te ...... el coche esta noche.
a) dejes
b) dejaré
c) dije
d) des

4. Esta mañana ...... los libros para Luisa.
a) compro
b) he comprado
c) compraría
d) compras

5. He encontrado los libros ...... casualidad.
a) hasta
b) en
c) por
d) a

6. Mis hermanos ...... muchos juguetes en casa.
a) toman
b) tienen
c) han
d) están

7. ¡Si vienes pronto ...... la cena!
a) va
b) sal
c) preparará
d) prepara

8. En la mesa ...... muchas cajas de cartón.
a) son
b) ha
c) hay
d) tener

9. María ...... todos los días de 9 a 1 de la mañana.
a) coge
b) lleva
c) trabaja
d) es

10. En mi oficina no ...... calefacción central.
a) es
b) está
c) trabaja
c) tenemos

11. Esta tarde Pepe ...... algo cansado.
a) siente
b) va
c) es
d) está

12. Si ...... un poco, aprobarás el examen.
a) vas
b) pones
c) eres
d) estudias

13. ...... salir hemos tenido un accidente.
a) A
b) Al
c) En
d) Para

14. ...... cajón del armario está roto.
a) Los
b) Lo
c) El
d) La

15. Mañana ...... huelga de autobuses en Madrid.
a) es
b) había
c) habrá
d) tiene

16. Mi hermano ...... a mi colegio este año.
a) va
b) coge
c) entra
d) sale

17. La televisión ...... un importante medio de comunicación.
a) contiene
b) es
c) está
d) conviene

18. Su madre ...... no vive en esta ciudad.
a) entonces
b) luego
c) todavía
d) ya

19. El billete de tren ...... 1.540 pesetas.
a) gasta
b) cuestan
c) costa
d) cuesta

20. ...... muy fácil criticar a los demás.
a) Está
b) Trabaja
c) Es
d) Va

1. En la naturaleza no ...... nada innece-
sario.

   a) tiene   b) hay

   c) vale   d) es

2. Los locos no ...... vosotros, son ellos.

   a) estás   b) vais

   c) son   d) sois

3. Mi madre a menudo sale ...... balcón para
ver a la gente.

   a) para el   b) por

   c) a   d) al

4. Ellos ...... en la sala viendo la tele.

   a) visitan   b) van

   c) son   d) están

5. Yo no ...... Pepe, me llamo Manolo.

   a) es   b) ser

   c) soy   d) está

6. Este sábado ...... a Madrid a visitar a
Jorge.

   a) llevo   b) soy

   c) estoy   d) voy

7. ¿ ...... puesta la televisión, mamá?

   a) Sin   b) Va

   c) Es   d) Está

8. ...... la tarde no trabajo nunca.

   a) Para   b) Al

   c) En   d) Por

9. ¡Tráeme el jarrón ...... está en el salón!

   a) donde   b) quien

   c) cual   d) que

10. Los hijos ...... María son ya mayores.

   a) para   b) por

   c) a   d) de

11. ¡Las cocinas ...... muy limpias aquí!

   a) son   b) están

   c) van   d) estáis

12. ¡Tus niños ...... maravillosos!

   a) salen   b) está

   c) ser   d) son

13. ¿ ...... abierto todavía ese bar?

   a) Estoy   b) Está

   c) Es   d) Están

14. Mi casa ...... ya 155 años. Es muy vieja.

   a) cuesta   b) tiene

   c) lleva   d) es

15. ¡Este niño no estudia ......! Es un vago.

   a) algo   b) nada

   c) nadie   d) ya

16. ...... lunes, las tiendas no abren por la
mañana.

   a) Al   b) En

   c) El   d) Los

17. He dado el regalo ...... tu hermana.

   a) hasta   b) con

   c) a   d) en

18. ¿ ...... cuestan esos lápices de colores?

   a) Cual   b) Cuánto

   c) Cómo   d) Cuándo

19. Mi amigo ...... Luis, como tu hijo.

   a) se llama   b) es

   c) le llama   d) es llama.

20. ...... las vacaciones no hacemos nada.

   a) A   b) Para

   c) Cuando   d) Durante

1. ...... la habitación hay 2 mesas pequeñas.
   a) Sin   b) A
   c) Para   d) En

2. ¿ ...... has dejado tu coche, Jerónimo?
   a) Quién   b) Por cuál
   c) Dónde   d) Que

3. Veinte y treinta ...... cincuenta.
   a) cuenta   b) van
   c) suman   d) restan

4. Esta mañana he ...... todos los ejercicios de
matemáticas.
   a) tenido   b) lanzado
   c) recorrido   d) terminado

5. Nosotros no ...... entendido el problema de
física.
   a) tenemos   b) hemos
   c) vamos   d) han

6. Todos ...... sentados alrededor de la mesa
en el jardín.
   a) se   b) oyen
   c) están   d) son

7. Si ...... te daré el premio por tu buen
comportamiento.
   a) ven   b) vienes
   c) vinieras   d) vendrás

8. Ella enciende el cigarrillo con un ....
   a) fuego   b) lumbrera
   c) cerilla   d) encendedor

9. Ha ...... 5 kilómetros en 7 minutos.
   a) recorrido   b) visto
   c) comprado   d) leído

10. Ellos han ...... cartas a sus familias.
   a) escrita   b) escribo
   c) escribido   d) escrito

11. ...... el año 2.010 mi hijo tendrá 12 años.
   a) Desde   b) En
   c) A   d) Con

12. Ha ...... toda la noche sin dormir.
   a) dado   b) pasado
   c) dormido   d) leído

13. Ha ido ...... Italia ...... visitar a su tía.
   a) a/en   b) a/para
   c) en/para   d) en/a

14. ...... los sábados vemos una película en la
tele.
   a) En   b) Todo
   c) Casi   d) Todos

15. He visto a ...... niños en el parque.
   a) poco   b) todos
   c) cantidad   d) algunos

16. En 1989 ...... con mis tíos en Málaga.
   a) era   b) estoy
   c) estaba   d) vuelvo

17. ...... tías me han regalado muchos juguetes
este año.
   a) Mía   b) Mi
   c) Mis   d) Mías

18. He hecho los deberes ...... música.
   a) cogiendo   b) escuchando
   c) al escuchar   d) escuchar

19. Mi hermano Juan ...... visitado muchos
países.
   a) ha   b) hoy
   c) he   d) han

20. ...... iré a casa de Luisa para verla.
   a) Más   b) Cuando
   c) Luego   d) Hasta

1. He visto ese jarrón ...... de la oficina.
   a) volver
   b) al volver
   c) cuando vuelvo
   d) vuelvo

2. ...... enfadado porque no has hecho los deberes.
   a) Soy
   b) Estoy
   c) Tengo
   d) He

3. No he hecho los deberes ...... no tenía lápiz.
   a) debido
   b) entonces
   c) ya
   d) porque

4. Luisa ...... a venir el miércoles próximo a casa.
   a) está
   b) van
   c) ha
   d) va

5. María ha cogido ...... vestido del armario.
   a) alguno
   b) la
   c) otro
   d) mío

6. El coche ha ...... sobre la carretera a causa de la lluvia.
   a) corrido
   b) resbalado
   c) tirado
   d) glisado

7. Elvira me ha ...... tu número de teléfono.
   a) obtenido
   b) creído
   c) pedido
   d) logrado

8. Ayer ...... el vestido para la fiesta de Navidad.
   a) compra
   b) compraré
   c) he comprado
   d) compré

9. Luis me ha dicho ...... viene este sábado con su hermana.
   a) quienes
   b) que
   c) cual
   d) donde

10. Un ...... sirve para hablar a gran distancia.
   a) televisor
   b) video
   c) teléfono
   d) radio

11. ...... comprar un diccionario para traducir esta carta.
   a) Hago
   b) Tengo
   c) Necesito
   d) Viene

12. Tú puedes ...... esa palabra en el diccionario.
   a) dar
   b) tener
   c) hayar
   d) encontrar

13. Los lunes no voy ...... a la piscina.
   a) entonces
   b) algo
   c) ya
   d) nunca

14. Cuando ha ...... la puerta ha visto el regalo.
   a) cogido
   b) abrí
   c) abrido
   d) abierto

15. Si quieres ...... necesitas estudiar un poco más.
   a) coger
   b) aprobarás
   c) aprobar
   d) apruebes

16. No ...... contentos con el resultado de las elecciones.
   a) han
   b) están
   c) son
   d) estoy

17. En la huerta había tomates, pimientos y ....
   a) botes
   b) lechugas
   c) lápices
   d) bolas

18. Como no ...... en casa, no recibí el mensaje.
   a) soy
   b) estaría
   c) era
   d) estaba

19. Tienes que ...... este libro ...... el sábado.
   a) leer/en
   b) hacer/a
   c) acabar/para
   d) acabar/en

20. Los cacahuetes ...... demasiado salados.
   a) parece
   b) cabían
   c) estaban
   d) son

1. Si ...... la verdad no te castigarán.
 a) sabe   b) dices
 c) dirás   d) decir

2. Ellos ...... tirados encima de la hierba.
 a) eran   b) van
 c) son   d) estaban

3. Para coser se necesita una ....
 a) aguja   b) tijera
 c) dedal   d) hilo

4. La madre de tu marido es tu ....
 a) tía   b) suegra
 c) nuera   d) abuela

5. Al volver del colegio he ...... a tu madre en la calle.
 a) lavado   b) cogido
 c) recorrido   d) encontrado

6. La camisa está arrugada, tienes que ....
 a) tirarla   b) plancharla
 c) enjabonarla   d) lavarla

7. María ...... 2 perros que ...... casi iguales.
 a) busca/están   b) va/están
 c) ha/van   d) tiene/son

8. ...... año no ...... casi nada de fruta.
 a) Aquello/hay   b) Esta/hay
 c) La/existe   d) Este/hay

9. Hay mucho polvo en casa, tienes que ...... el aspirador.
 a) pasar   b) leer
 c) recoger   d) estirar

10. El sábado ...... a recoger la pulsera que he encargado.
 a) estimo   b) debo
 c) tengo   d) vendré

11. ...... aspirador no funciona bien, es muy viejo.
 a) Esta   b) Este
 c) Mío   d) La

12. El reloj de la cocina ...... estropeado, no anda.
 a) es   b) está
 c) va   d) puede

13. Mi tía no sabe ...... ha dejado las gafas.
 a) para donde   b) ara
 c) cual   d) dónde

14. Tengo 2 pares de zapatos pero no ...... dónde están.
 a) supo   b) sé
 c) sabo   d) sabe

15. ...... la mesa he dejado los apuntes de filosofía.
 a) Donde   b) A
 c) Para   d) En

16. He visto al chico ...... visitaste en el hospital.
 a) a quien   b) a que
 c) con quien   d) para quien

17. Me ha dicho que no le ...... bien.
 a) apreciaba   b) parecía
 c) quería   d) gustaba

18. Esta manga ...... más corta que la otra.
 a) tiene   b) anda
 c) es   d) está

19. Por la mañana siempre ...... un poco de deporte.
 a) turnamos   b) cogemos
 c) practicamos   d) recorremos

20. Es un ...... de café muy bonito.
 a) suerte   b) juego
 c) complejo   d) conjunto

1. En el comedor ...... un poco de humo.
a) es   b) está
c) hay   d) parece

2. Antes de comprar papel para la pared quisiera llevar ....
a) una parte   b) olor
c) una muestra   d) una porción

3. Los domingos mis padres y yo ...... a un pueblo de Navarra.
a) van   b) vamos
c) vuelven   d) voy

04. Ese chico tiene grandes ...... para ser un artista.
a) ganas   b) posibles
c) triunfos   d) dotes

5. El año ...... voy a empezar los estudios en América.
a) siguiente   b) a venir
c) pasado   d) que viene

6. Va a conseguir una ...... para estudiar en el extranjero.
a) ganancia   b) premio
c) posibilidad   d) beca

7. Hay que encender ...... porque hace un poco de frío.
a) la luz   b) la cocina
c) la calefacción d) el colchón

8. Había bastante ...... y no se veía nada en la carretera.
a) lluvia   b) nieve
c) luz   d) niebla

9. Hoy no ...... hasta las 8 de la tarde.
a) volví   b) volvería
c) volvía   d) volveré

10. ...... no he encontrado el anillo que he perdido.
a) Luego   b) Todavía
c) Ya   d) Entonces

11. No le ...... que digas ...... tonterías.
a) prefiere/tan   b) gusta/tantas
c) gusto/tanta   d) gusta/tal

12. Ha ...... de Africa para pasar las Navidades aquí.
a) pasado   b) ido
c) volvido   d) vuelto

13. El reloj ...... las 1 y media.
a) va   b) anda
c) dice   d) marca

14. ...... 5 y media todavía estaba en casa de su abuela.
a) A las   b) Al
c) A   d) A la

15. Ella ...... la ropa en la cuerda del patio.
a) pon   b) cuelga
c) colga   d) tira

16. ¿ ...... kilos de fruta desea usted?
a) Cuán   b) Cuántos
c) Cuánto   d) Cuál

17. No tengo ...... sellos para todas las cartas.
a) algunos   b) pocos
c) sólo   d) suficientes

18. En el ...... había mucha gente esperando el barco.
a) tunel   b) muelle
c) andén   d) orilla

19. Algunos chicos estaban ...... en el campo de fútbol.
a) para jugar b) jugando
c) a jugar   d) jugaban

20. Has tenido mucha suerte ...... ese chico.
a) hasta   b) a
c) para   d) con

1. Luisa me ha ...... el coche que le presté ayer.

   a) devuelto
   b) devuelta
   c) devolvido
   d) devolver

2. Es ...... caro y no lo puedo comprar con el dinero que tengo.

   a) sólo
   b) ya
   c) poco
   d) demasiado

3. Ese tren ...... hasta Madrid y luego hay que coger otro para Valencia.

   a) viene
   b) corre
   c) llega
   d) alcanza

4. Ya no ...... más vino en la botella.

   a) compra
   b) alcanza
   c) viene
   d) queda

5. Si no te das prisa ...... el avión.

   a) perdías
   b) perderás
   c) perderías
   d) pierdes

6. Si mañana no trabajo te ...... al cine.

   a) acompañará
   b) acompañaba
   c) acompañaría
   d) acompañaré

7. En el ...... puedes leer las noticias del día.

   a) revistero
   b) semanario
   c) partido
   d) periódico

8. Sus padres le ...... que vaya al médico.

   a) alegra
   b) aseguran
   c) aconsejan
   d) dieron

9. Me ...... que vengas a visitarnos.

   a) gusta
   b) asegura
   c) previene
   d) duele

10. Como no gano mucho voy a pedir un ......

   a) permiso
   b) ayuda
   c) aumento
   d) regalo

11. ¿Qué te ...... tomar?

   a) quieres
   b) logra
   c) prefiere
   d) apetece

12. Lucha ...... conseguir un puesto mejor.

   a) a
   b) con
   c) en
   d) por

13. Este año no he visto ...... películas.

   a) entonces
   b) pues
   c) apenas
   d) poco

14. Ya ...... cansado de repetirte siempre lo mismo.

   a) vuelvo
   b) estoy
   c) soy
   d) voy

15. Los hijos deben ...... a sus padres.

   a) salir
   b) educar
   c) decir
   d) respetar

16. El saber no ...... lugar.

   a) ocupa
   b) busca
   c) tienes
   d) tiene

17. Trae un poco de ...... para los zapatos.

   a) lejía
   b) polvo
   c) betún
   d) leche

18. No trabaja para nadie, trabaja ....

   a) con su papel
   b) a su precio
   c) por su cuenta
   d) de libre

19. Los libros nos ...... muchas cosas maravillosas.

   a) dicen
   b) dan
   c) aprenden
   d) enseñan

20. Quiero comprar un libro de ...... de cocina.

   a) enseñanzas
   b) panes
   c) apuntes
   d) recetas

1. Su tía le ha dejado una ...... de 10.000.000 de pesetas.
- a) salario
- b) parte
- c) cuenta
- d) herencia

2. Este sábado es nuestro ...... de boda.
- a) cumplimiento
- b) aniversario
- c) celebración
- d) cumpleaños

3. No quiere que (tú) le ...... antes de las 8.
- a) llamas
- b) llamarías
- c) llamarás
- d) llames

4. ¿Dónde está tu hermano? Está ....
- a) descansa
- b) descansando
- c) descansado
- d) descansar

5. A ellos no les pasó nada; ...... mucha suerte.
- a) tuvisteis
- b) tenían
- c) tuve
- d) tuvieron

6. Cuando la moto esté arreglada le ...... por teléfono.
- a) llamaré
- b) llamaría
- c) llamaba
- d) llamará

7. La sopa se come con ....
- a) cuchillo
- b) navaja
- c) tenedor
- d) cuchara

8. Para cortar la carne normalmente se utiliza un ....
- a) daga
- b) alicate
- c) tenedor
- d) cuchillo

9. Tengo que irme, ya ...... las 12.
- a) está
- b) es
- c) están
- d) son

10. ¿Tienes ...... sobre para nosotros?
- a) unos
- b) un
- c) una
- d) uno

11. 60 segundos forman ....
- a) un mes
- b) una semana
- c) un minuto
- d) una hora

12. Este gato ...... todas las mañanas.
- a) chilla
- b) maulla
- c) ladra
- d) cacarea

13. Los niños van ...... los días ...... colegio.
- a) todos/al
- b) los/a
- c) el/al
- d) los/par

14. ¿ ...... se llama la capital de Rusia?
- a) Cuándo
- b) Cómo
- c) Cuál
- d) Qué

15. Lo contrario de: "Esta traducción es difícil", es ....
- a) incomprensible
- b) difusa
- c) fácil
- d) deficiente

16. Para limpiarse la boca después de la comida se usa ....
- a) un mantel
- b) una servilleta
- c) un pañuelo
- d) una toalla

17. Ella toca la flauta mejor que ....
- a) a tu
- b) ti
- c) tú
- d) te

18. Lo contrario de: "El té está caliente" es: "el té está ......" .
- a) hirviendo
- b) quemado
- c) tibio
- d) frío

19. ...... señorita Ramona es la hija ...... vecino.
- a) El/de lo
- b) La/del
- c) Esta/de
- d) La/dc

20. La palmera es ....
- a) un árbol
- b) un mueble
- c) una flor
- d) un animal

1. Para hacer la mayonesa necesitas ....
- a) un calentador
- b) una batidora
- c) un molinillo
- d) un aspirador

2. Si te duele la muela vete al ......
- a) médico
- b) panadero
- c) dentista
- d) osteópata

3. ¡Hay mucha corriente, por favor cierra ......!
- a) la puerta
- b) el armario
- c) la nevera
- d) el grifo

4. Para ir a la cama tienes que ...... el vestido.
- a) bañarte
- b) cogerte
- c) desnudarte
- d) quitarte

5. Para proteger las manos del frío necesitas ....
- a) unas medias
- b) unos guantes
- c) una bufanda
- d) un gorro

6. Hemos reservado una habitación en un ...... muy bueno.
- a) café
- b) bar
- c) restaurant
- d) hotel

7. Luisa lleva tres ...... en Murcia.
- a) masas
- b) misas
- c) mesas
- d) meses

8. En el calendario se indican ....
- a) los minutos
- b) las fechas
- c) la hora
- d) los eventos

9. La mujer de mi hermano es mi ....
- a) prima
- b) cuñada
- c) hermana
- d) suegra

10. ¿Me puedes dejar ...... paraguas?
- a) unas
- b) unos
- c) los
- d) un

11. Pepe está fumando, dale un ....
- a) tablón
- b) plato
- c) cenicero
- d) vaso

12. En otoño los árboles pierden ....
- a) las raíces
- b) las ramas
- c) las hojas
- d) los frutos

13. Hoy ...... agua de la piscina no está muy fría.
- a) lo
- b) la
- c) un
- d) el

14. Lo contrario de ancho es ....
- a) vasto
- b) atrasado
- c) largo
- d) estrecho

15. La gallina ...... huevos todos los días.
- a) cae
- b) echa
- c) deja
- d) pone

16. Después del jueves viene el ....
- a) lunes
- b) viernes
- c) sábado
- d) domingo

17. El traje está arrugado, tienes que ....
- a) coserlo
- b) secarlo
- c) lavarlo
- d) plancharlo

18. ¿ ...... dinero necesitas para comprar el libro?
- a) Cuál
- b) Cuánto
- c) Cómo
- d) Cuántos

19. Lo contrario de "la ropa está seca" es "la ropa está ......".
- a) manchada
- b) sucia
- c) limpia
- d) mojada

20. El hierro es un tipo de ....
- a) barro
- b) piedra
- c) metal
- d) planta

1. Si (tú) ...... mucha prisa no me esperes.
  - a) eres
  - b) andas
  - c) tengo
  - d) tienes

2. No puedo quedarme más tiempo, tengo ....
  - a) peso
  - b) calor
  - c) prisa
  - d) dolor

3. Hoy ...... mucho viento en la calle.
  - a) hace
  - b) da
  - c) es
  - d) está

4. El vino se saca de ....
  - a) la manzana
  - b) la pera
  - c) las uvas
  - d) la patata

5. Tu jefe me ha invitado hoy ...... comer.
  - a) para
  - b) de
  - c) a
  - d) por

6. Bueno, chicos, me .... ¡Hasta mañana!
  - a) iría
  - b) voy
  - c) fui
  - d) iba

7. No le des ...... al camarero.
  - a) favor
  - b) trozos
  - c) tasa
  - d) propina

8. Si no tienes coche puedes coger el ...... para ir al centro de la ciudad.
  - a) taxi
  - b) autocar
  - c) autobús
  - d) carro

9. El padre de mi padre es mi ....
  - a) suegro
  - b) bisabuelo
  - c) abuelo
  - d) tío

10. El sexto mes del año es ....
  - a) abril
  - b) agosto
  - c) junio
  - d) julio

11. Lo contrario de "el café está bueno" es "el café está ..".
  - a) amargo
  - b) malo
  - c) fuerte
  - d) aromático

12. No me queda ...... dinero para pasar el mes.
  - a) mucho
  - b) buen
  - c) poco
  - d) muy

13. No dices nada, ¿ ...... estás pensando?
  - a) de qué
  - b) en qué
  - c) a qué
  - d) por qué

14. Toma este jersey, es un regalo ....
  - a) para ti
  - b) a te
  - c) a tí
  - d) por ti

15. El hombre que trabaja con madera se llama ....
  - a) albañil
  - b) fontanero
  - c) cerrajero
  - d) carpintero

16. ¿ ...... años tienes? Tengo 28 años.
  - a) Cuáles
  - b) Cuántos
  - c) Cómo
  - d) Cuánto

17. ¿ ...... usted un cigarrillo, por favor?
  - a) Tienes
  - b) Tiene
  - c) Tenga
  - d) Ha

18. El ...... de escape del coche está roto.
  - a) lado
  - b) tubería
  - c) gas
  - d) tubo

19. La televisión no .., habrá que llamar al técnico.
  - a) ve
  - b) habla
  - c) anda
  - d) funciona

20. Oye, ¿ estás haciendo a estas horas aquí?
  - a) cuánto
  - b) cuál
  - c) cómo
  - d) qué

1. Para este problema no hay más que dos posibles ....
a) lados
b) técnicas
c) soluciones
d) pisadas

2. Sin ...... estoy perdido.
a) tú
b) ti
c) té
d) a ti

3. ¿Conoces al director del banco? Sí, pero no me acuerdo de ....
a) le
b) él
c) te
d) a ti

4. La ciudad ...... ves a lo lejos es Vitoria.
a) a que
b) quien
c) cual
d) que

5. ¿Quieres ...... una taza de café?
a) comer
b) leer
c) tener
d) tomar

6. Hoy es miércoles, ... era lunes.
a) mañana
b) anteayer
c) pasado mañana
d) ayer

7. No salgas de casa, quédate ....
a) detrás
b) delante
c) dentro
d) fuera

8. ¡No fumes tanto! ...... malo para la salud.
a) produce
b) hace
c) está
d) es

9. Es un asunto muy delicado, ... que obrar con mucha discreción.
a) hubo
b) has
c) hay
d) ha

10. El café está amargo, hay que echarle ....
a) pimiento
b) azúcar
c) agua
d) sal

11. Gracias a Dios, toda la familia ...... bien de salud.
a) está
b) es
c) estará
d) ha estado

12. Bebe un ...... de vino y te sentirás mejor.
a) cacho
b) trozo
c) trago
d) montón

13. Todo ...... de la oficina está de vacaciones.
a) el mes
b) el habitante
c) el personal
d) el funcionario

14. En España los coches ...... por la derecha.
a) se adentran
b) se meten
c) circulan
d) corren

15. ¿Quién tiene los billetes del tren? ...... tiene papá.
a) Lo
b) Les
c) Los
d) Las

16. Cuando subí a los Pirineos, vimos las montañas ...... de nieve.
a) cubren
b) cubrir
c) cubierta
d) cubiertas

17. Juan tiene dolor de cabeza y algo de ....
a) vestido
b) frío
c) valor
d) fiebre

18. Pedro es ...... alto que Juan, pero Luis es ...... alto de todos.
a) tan/el más
b) más/el más
c) más/más
d) tan/el tan

19. ¡No hagas ruido! Vas ...... despertar ...... niño.
a) a/al
b) a/del
c) a/el
d) o/el

20. ¿Dónde está tu prima? No ...... he visto.
a) la
b) las
c) lo
d) le

1. La secretaria escribe las cartas ....
   a) pluma
   b) a máquina
   c) con la mano
   d) con un lápiz

2. Si estás en un sitio desconocido, mira ....
   a) el periódico
   b) el diccionario
   c) el calendario
   d) el mapa

3. Quiero saber ...... ha dicho eso.
   a) el cuál
   b) quién
   c) qué
   d) cuál

4. ¿A qué hora te ...... hoy?
   a) habrías levantado
   b) has levantado
   c) levantaste
   d) levantabas

5. Se veía la montaña ...... la ventana.
   a) través
   b) con
   c) en
   d) a través de

6. Para protegerse del sol, lleva ...... en los ojos.
   a) sombrero
   b) pañuelo
   c) gafas
   d) sombrilla

7. En verano la temperatura es más ...... que en invierno.
   a) helada
   b) alta
   c) baja
   d) fría

8. ¿Dónde has comprado el bolso? ...... he comprado allí.
   a) El
   b) Los
   c) Lo
   d) Le

9. ...... coche gasta más gasolina que el ....
   a) El mío/tuyo
   b) Mis/tuyo
   c) El mi/tu
   d) Mi/tuyo

10. El cartero lleva ...... a las casas.
    a) las cartas
    b) los sobres
    c) las maletas
    d) la saca

11. ¿Has visto mis guantes? No ...... he visto.
    a) lo
    b) las
    c) los
    d) les

12. Había sólo ...... libros encima de la estantería.
    a) montón
    b) las
    c) muchos
    d) algunos

13. Voy a la playa a ...... el sol para ponerme morena.
    a) dar
    b) coger
    c) ver
    d) tomar

14. Cuando tomó ...... se sintió mucho mejor.
    a) el paquete
    b) el vaso
    c) el frío
    d) la pastilla

15. No ...... otro cigarrillo, ya has fumado mucho.
    a) prendas
    b) tomes
    c) apagues
    d) enciendas

16. Necesito ...... para quitarme los nudos del pelo.
    a) un jabón
    b) un guante
    c) un peine
    d) un cepillo

17. No puedo ir contigo porque ...... mucho que hacer.
    a) hace
    b) he
    c) tenga
    d) tengo

18. Tu decisión no fue ...... justa, ya lo sabes.
    a) eso
    b) mucho
    c) ta
    d) muy

19. En una circunstancia como ésta, ¿qué ...... tú?
    a) haces
    b) harías
    c) has hecho
    d) harás

20. No habla con la gente y se enrojece enseguida, es muy ....
    a) agradable
    b) tímido
    c) antipático
    d) pobre

1. Esperaba noticias de Julia pero todavía no ...... (yo) recibido su carta.
   - a) ha
   - b) he
   - c) habría
   - d) habrá

2. ¿Qué ...... en este momento? Escribo postales a mis amigos.
   - a) hacer
   - b) harás
   - c) estás haciendo
   - d) estás poniendo

3. Ya tengo el permiso de conducir, ahora ...... comprar un coche.
   - a) he podido
   - b) podría
   - c) podía
   - d) podré

4. ¿ ...... no has acabado esa redacción?
   - a) Antes
   - b) Entonces
   - c) Ya
   - d) Todavía

5. Este verano ...... la pesca submarina.
   - a) practico
   - b) he practicado
   - c) practicar
   - d) hube practicado

6. ¿Dónde ...... la charla? En el salón que ...... a la derecha.
   - a) es/sea
   - b) es/está
   - c) está/estuvo
   - d) está/va

7. ¿Cómo te ...... ahora? Ya estoy mejor, gracias.
   - a) vas
   - b) sentirás
   - c) estás
   - d) encuentras

8. ¿Has conocido ...... persona tan divertida?
   - a) esta
   - b) a mucha
   - c) a alguna
   - d) algún

9. La casa no es suya, la tiene ....
   - a) emplazada
   - b) vendida
   - c) alquilada
   - d) comprada

10. Como le han operado hace poco, todavía se siente ....
   - a) amable
   - b) fuerte
   - c) débil
   - d) enfermo

11. ¿ ...... ayudarte con ese trabajo que ...... ?
   - a) Podía/tienes
   - b) Podré/logras
   - c) Puedo/harás
   - d) Puedo/tienes

12. En una situación tan difícil, no sabía qué ....
   - a) hice
   - b) hacía
   - c) haciendo
   - d) hacer

13. Aquí ...... donde conocí a tu padre hace 20 años.
   - a) estuvo
   - b) fui
   - c) fue
   - d) será

14. Lo contrario de cocido es: ....
   - a) sabroso
   - b) salado
   - c) soso
   - d) crudo

15. Tenemos mucho trabajo en casa, ¿podrás ...... ?
   - a) darnos
   - b) reemplazarnos
   - c) tenernos
   - d) ayudarnos

16. ¿Cuándo ...... del paseo por el bosque?
   - a) vuelvas
   - b) volverías
   - c) vuelves
   - d) volvías

17. Cuando salí de casa ...... lloviendo.
   - a) estaría
   - b) estaba
   - c) estará
   - d) está

18. Aquí tienes los libros ...... buscabas.
   - a) cuales
   - b) quienes
   - c) que
   - d) a los cuales

19. ¡No te escondas ...... de las cortinas!
   - a) por
   - b) ante
   - c) detrás
   - d) delante

20. ¿Conoces ...... libro de Baroja?
   - a) de este
   - b) en este
   - c) este
   - d) a este

1. ¡ ...... mucho cuidado, en esta zona hay víboras!
   a) Haz
   b) Tienes
   c) Toma
   d) Ten

2. Los muebles que me están haciendo ...... de roble.
   a) han
   b) fueron
   c) son
   d) están

3. ¿Me puedes decir ...... donde se ha ido?
   a) para
   b) en
   c) con
   d) por

4. No les ...... nada en aquel accidente, tuvieron mucha suerte.
   a) sucede
   b) ocurre
   c) ocurra
   d) ocurrió

5. Cuando el coche esté reparado te ...... por teléfono.
   a) llama
   b) llamaba
   c) llamaría
   d) llamaré

6. No quiero que me ...... antes de las 7.
   a) despertes
   b) despertabas
   c) despiertes
   d) despertarías

7. Todavía tienes las manos ....
   a) limpias
   b) sucias
   c) secas
   d) torcidas

8. ¿Qué ...... el sábado pasado?
   a) haga
   b) haces
   c) hiciste
   d) hacías

9. Si tuviera dinero ...... un nuevo coche.
   a) compraba
   b) compro
   c) compraría
   d) compraré

10. No tengas miedo, el perro no ....
    a) mordía
    b) morderá
    c) mordería
    d) muerde

11. Lo siento, no he ...... llegar antes.
    a) acabado
    b) ido
    c) querido
    d) podido

12. Siempre te he ayudado, no te fallado ....
    a) ninguno
    b) nadie
    c) nunca
    d) nada

13. Cuando era estudiante me ...... todos los días a las 7.
    a) levantaría
    b) levantaba
    c) levanto
    d) levantaré

14. ¡ ...... una pena que no hayas aprobado todo!
    a) Está
    b) Es
    c) Tiene
    d) Hay

15. Como está mal preparado no ...... presentarse a los exámenes.
    a) poder
    b) podrá
    c) podía
    d) podría

16. No ha tenido suerte ...... la vida.
    a) hasta
    b) en
    c) a
    d) para

17. A los estudiantes ...... he preguntado ...... eran franceses.
    a) lo/si
    b) las/cual
    c) los/que
    d) les/si

18. Para comer espaguetis, necesitas ....
    a) una navaja
    b) un tenedor
    c) una cuchara
    d) un cuchillo

19. Los sábados por la mañana siempre ...... muy ocupado.
    a) este
    b) va
    c) es
    d) está

20. El sábado ...... una fiesta. Estáis invitados.
    a) haremos
    b) echaremos
    c) haríamos
    d) formaremos

1. Si no me lo quieres decir ahora, ya me lo ...... luego.
- a) dices
- b) di
- c) dirías
- d) dirás

2. Esta tarde voy a ...... un paseo por el campo.
- a) llevar
- b) dar
- c) tomar
- d) traer

3. ¡ ......, no sé qué hacemos aquí!
- a) Va
- b) Vais
- c) Iremos
- d) Vámonos

4. Ayer Luis ...... a casa llorando.
- a) vuelve
- b) volvió
- c) volvía
- d) volverá

5. El suelo está sucio, tienes que ....
- a) cementarlo
- b) secarlo
- c) fregarlo
- d) mojarlo

6. Lo contrario de barato es ....
- a) de oferta
- b) querido
- c) largo
- d) caro

7. No, no llevo dinero conmigo, pero seguro que él sí lleva dinero ....
- a) con usted
- b) contigo
- c) consigo
- d) con él

8. La puerta ...... al cerrar y mi madre le ha echado aceite.
- a) llamaba
- b) chillaba
- c) ladraba
- d) chirriaba

9. Un sinónimo de amable es ....
- a) llamativo
- b) afable
- c) estudioso
- d) hábil

10. Puedes leer las noticias en ....
- a) el cuaderno
- b) el pasatiempo
- c) el periódico
- d) las notas

11. El hijo de mi hermano es mi ....
- a) cuñado
- b) primo
- c) nieto
- d) sobrino

12. La mayoría de los coches funcionan con gasoil o con ....
- a) alcohol
- b) gasolina
- c) petróleo
- d) gas

13. Puedes comprar las medicinas en la ....
- a) panadería
- b) química
- c) charcutería
- d) farmacia

14. A la mañana se dice para saludar: ....
- a) "buenas tardes"
- b) "buenos días"
- c) "buenas mañanas"
- d) "buenas noches"

15. ¿No sabes ...... está mi llave?
- a) de dónde
- b) cuándo
- c) a dónde
- d) dónde

16. La vaca ...... con la tormenta.
- a) maulla
- b) muge
- c) ladra
- d) chilla

17. Hay poca luz, voy a ...... la lámpara.
- a) sacar
- b) tirar
- c) encender
- d) apagar

18. Lo contrario de tacaño es ....
- a) ladrón
- b) avariento
- c) avaro
- d) generoso

19. Los que dicen la misa se llaman ....
- a) levitas
- b) pastores
- c) sacristanes
- d) curas

20. Mi madre prepara la comida en ....
- a) el dormitorio
- b) la sala
- c) la cocina
- d) el comedor

1. Ella lleva la ropa sucia a ....
 a) el lavabo
 b) la sastrería
 c) la cafetería
 d) la lavandería

2. Una persona que no ve es ....
 a) coja
 b) muda
 c) sorda
 d) ciega

3. Una persona que arregla el cabello se llama ....
 a) barbera
 b) peluquera
 c) tejedora
 d) lavandera

4. La abuela ...... leyendo una revista cuando entramos.
 a) estará
 b) estaba
 c) está
 d) estaría

5. Su padre le ...... a un internado porque no estudiaba nada.
 a) ha entrado
 b) ha cogido
 c) ha llevado
 d) ha puesto

6. La ensalada se prepara con aceite, sal y ....
 a) leche
 b) vino
 c) vinagre
 d) azúcar

7. En esta clase hay todo ...... de estudiantes.
 a) estilo
 b) variación
 c) tipo
 d) especie

8. No ha ...... a clase durante todo el curso.
 a) adelantado
 b) dicho
 c) asistido
 d) entrado

9. Necesitas ...... tus conocimientos del idioma.
 a) decir
 b) ver
 c) perfeccionar
 d) saber

10. Ha estudiado ...... 6 meses para poder pasar el examen.
 a) por
 b) durante
 c) en
 d) con

11. La televisión ...... mucho tiempo a los niños para estudiar.
 a) hace
 b) trae
 c) quita
 d) va

12. En invierno los días se ....
 a) olvidan
 b) vuelven
 c) alargan
 d) acortan

13. Este año no ...... tiempo para vacaciones.
 a) hemos sacado
 b) hemos hablado
 c) hemos tenido
 d) he olvidado

14. Los libros nos ...... todo lo que no sabemos.
 a) valen
 b) leen
 c) enseñan
 d) cobran

15. ...... la semana que viene no te podré devolver el dinero.
 a) A
 b) Hasta
 c) Con
 d) Para

16. El sueño de toda persona ...... ser independiente.
 a) consigue
 b) puede
 c) está
 d) es

17. Lo contrario de dulce es ....
 a) blando
 b) duro
 c) soso
 d) salado

18. Como ya es muy viejo se ha vuelto ....
 a) alegre
 b) cariñoso
 c) senil
 d) estudioso

19. Si el viernes tengo tiempo te ...... al cine.
 a) acercaré
 b) pondré
 c) daré
 d) llevaré

20. Cuando llegó, la puerta ...... cerrada.
 a) estaba
 b) estaría
 c) está
 d) estará

1. Si haces la colada te ...... 15 ptas.
   - a) de
   - b) daré
   - c) diese
   - d) daría

2. Si no vivieras tan lejos ...... a visitarte.
   - a) vaya
   - b) voy
   - c) iré
   - d) iría

3. Las plantas necesitan agua, luz y ....
   - a) techo
   - b) café
   - c) abono
   - d) sal

4. Si vas al centro ...... el periódico, por favor.
   - a) va
   - b) prepara
   - c) trae
   - d) estudia

5. Mi amigo ...... muy nervioso, necesita resolver ...... problemas.
   - a) está/suyos
   - b) va/suyo
   - c) es/mis
   - d) está/sus

6. El sol siempre sale por el ....
   - a) norte
   - b) sur
   - c) oeste
   - d) este

7. ...... salir he perdido las llaves de casa.
   - a) Cuando
   - b) Al
   - c) Por
   - d) A

8. La oficina de ...... cobra todos los años los impuestos.
   - a) hacienda
   - b) luz
   - c) empleo
   - d) gas

9. Recibe un ...... miserable y sin embargo trabaja mucho.
   - a) montón
   - b) paga
   - c) cuento
   - d) salario

10. Un trabajador español tiene al menos 2 ...... extras al año.
    - a) pruebas
    - b) ganancias
    - c) pagas
    - d) lotes

11. Por la noche el sol se oculta y sale ......
    - a) el satélite
    - b) la estrella
    - c) la luna
    - d) la luz

12. Mis amigos volverán a visitarme ...... Navidad.
    - a) a la
    - b) con
    - c) en
    - d) a

13. ¿ ...... sigues discutiendo con tu hermano?
    - a) Quién
    - b) Cuándo
    - c) Cómo
    - d) Por qué

14. Este chico es poco ...... en clase.
    - a) austero
    - b) llamativo
    - c) aplicado
    - d) orgulloso

15. Tiene mucha ...... de todo lo que los otros poseen.
    - a) capacidad
    - b) paciencia
    - c) envidia
    - d) trabajo

16. No discute con nadie porque tiene mucha ...... para aguantar.
    - a) clase
    - b) amabilidad
    - c) paciencia
    - d) trato

17. Su capacidad ...... memoria es enorme.
    - a) de
    - b) para
    - c) en
    - d) a

18. Estos calcetines ...... muy gastados, compra otros.
    - a) son
    - b) están
    - c) llevan
    - d) hacen

19. El próximo fin de semana te ...... a visitar la torre Eiffel.
    - a) iré
    - b) llevaré
    - c) traeré
    - d) llevaría

20. Los extranjeros necesitan tener un permiso de ...... para vivir en España.
    - a) habitabilidad
    - b) estancia
    - c) conducir
    - d) residencia

1. Luis se pone ...... para ir a dormir.
a) el sombrero   b) el pijama
c) el camisón   d) el pantalón

2. Por la noche ...... las luces encendidas de la ciudad.
a) caen   b) llueven
c) brillaban   d) llamen

3. Si me haces caso no ...... problemas.
a) tendrías   b) tuviste
c) tienes   d) tendrás

4. La abuela de Carmen tiene 90 años, es una señora muy ....
a) abierta   b) añada
c) mayor   d) antigua

5. Este niño ...... 5 años en agosto próximo.
a) pasará   b) llevará
c) cumplirá   d) tienes

6. Como no trabajaba suficiente lo ...... del trabajo.
a) han traído   b) han echado
c) han tirado   d) han cogido

7. Mi madre ...... muy bien todo tipo de platos.
a) pasa   b) echa
c) cocina   d) acaba

8. El concierto ha tenido ...... este sábado.
a) dominio   b) sitio
c) lugar   d) precio

9. Se ha enfadado ...... le ha dicho la verdad.
a) en que   b) como
c) cuando   d) al

10. Ella no tiene ...... con las quinielas.
a) frecuencia   b) azar
c) suerte   d) tipo

11. En una república el jefe es ....
a) el tribunal   b) el rey
c) el director   d) el presidente

12. Hay que obrar siempre con ....
a) perdón   b) favor
c) leal   d) justicia

13. Acaba ...... terminar sus estudios de Filosofía.
a) en   b) de
c) a   d) para

14. Los lunes ...... buenas películas en la tele.
a) tiran   b) tienen
c) echan   d) han

15. Ayer me contaron un ...... y no puedo decirlo.
a) trance   b) historia
c) premio   d) secreto

16. El automovilista salió ...... del accidente.
a) daño   b) hecho
c) claro   d) ileso

17. La historia ...... las desgracias de una familia inglesa.
a) alardea   b) dice
c) cuenta   d) escribe

18. ...... yo estaba en la ducha, tú veías la tele.
a) Para que   b) En donde
c) Mientras   d) Si

19. La 2ª guerra mundial ...... con muchas muertes.
a) volvió   b) tuvo
c) acabó   d) dió

20. ...... de su actitud contraria, se mostró cortés.
a) A pesar   b) En que
c) Cuando   d) Aunque

1. Tiene un ...... muy difícil para entenderse con los ....
a) estilo/demás
b) aspecto/algunos
c) carácter/estos
d) carácter/demás

2. Han ...... de unas largas vacaciones en Florida.
a) aprovechado   b) contado
c) tenido   d) disfrutado

3. Le dio la mala ...... al entrar en casa.
a) espera   b) idea
c) noticia   d) fama

4. En el supermercado hay una gran ...... de frutas.
a) suerte   b) variedad
c) ideario   d) estilo

5. En este país la mayoría son de ...... sajón.
a) estilo   b) familia
c) anterior   d) origen

6. El año acabó con la ...... cena de Nochevieja.
a) alguna   b) mucha
c) tradicional   d) poca

7. Los médicos ...... veces no dicen la verdad a sus ....
a) algunas/testigo
b) muchas/enemigos
c) a/heridos
d) algunas/pacientes

8. ...... una enfermedad muy extraña.
a) Siente   b) Revela
c) Padece   d) Espera

9. ¿ ...... lograste resolver el conflicto?
a) Cuál   b) A dónde
c) Qué   d) Cómo

10. Su tía le ...... un paquete con regalos para todos.
a) ha vuelto   b) ha dado
c) ha regalado   d) ha convidado

11. Al volver he encontrado a María ...... la escalera.
a) dc   b) en
c) a   d) para

12. No ha visto a su hermano ...... 4 años.
a) cuando   b) ya
c) desde hace   d) desde

13. Si sale ahora ...... frío sin abrigo.
a) tendrá   b) tendrías
c) tienes   d) tenías

14. Luis es el chico con ...... sale Susana.
a) cual   b) quién
c) que   d) quien

15. Si tuviera frío ...... la calefacción.
a) encendería   b) pon
c) que   d) quien

16. ...... en moto pasará mucho frío.
a) Va   b) Anda
c) Andar   d) Andando

17. Con un equipo ...... no tendrás problemas.
a) talmente   b) supuesto
c) así   d) pues

18. Le dijeron que su padre ...... tenido un accidente.
a) habría   b) habrá
c) hubiera   d) había

19. La chimenea ha ...... toda la noche.
a) estado encendiendo
b) estado encendida
c) encendida
d) tenido encendida

20. Por favor, ¡ ...... la mesa!
a) va   b) pone
c) ten   d) pon

1. Es una actriz muy ....
a) solicitar   b) rebuscada
c) célebre   d) actual

2. Puedes servir el arroz ...... de verduras.
a) servido   b) con
c) acompañado   d) ido

3. ¡No digas ni una ...... de todo esto!
a) vez   b) idea
c) palabra   d) acierto

4. Necesitas ...... un poco el fuego; se está apagando.
a) revolver   b) atizar
c) hallar   d) tener

5. Ese reloj no ...... bien la hora.
a) sabe   b) encuadra
c) dice   d) marca

6. En el ...... encontrarás ese teléfono que buscas.
a) notario   b) listín
c) anual   d) nota

7. Cuando llegue el verano ...... a la playa.
a) vamos   b) vas
c) estamos   d) iremos

8. Trabaja ...... doncella en una casa de las afueras.
a) en   b) a
c) del   d) como

9. Los libros ...... me has pedido valen 1.200 ptas.
a) a cual   b) que
c) donde   d) cuales

10. La escalera ...... a mano derecha.
a) lleva   b) había
c) es   d) está

11. Al ...... el invierno algunas aves ....
a) volver/van
b) llegar/emigran
c) correr/emigran
d) cerrar/vuelven

12. Te digo que este chico ...... mal de la cabeza.
a) anda   b) va
c) es   d) estuviera

13. María ...... buenas notas en el colegio.
a) estudia   b) coge
c) saca   d) obten

14. Ya ...... quedan 15 días para las vacaciones.
a) siempre   b) algo
c) sólo   d) nada

15. Al libro ...... faltan varias páginas.
a) le   b) el
c) lo   d) les

16. Generalmente la gente se limpia la nariz con ....
a) un plástico   b) una tela
c) un pañuelo   d) un papel

17. ¡...... cuidado con ese palo!
a) Echa   b) Ten
c) Va   d) Anda

18. Nuestra vecina va a ...... a otra ciudad.
a) coger   b) volverse
c) mudarse   d) echarse

19. Si vienes en tren, te esperaré ...... la estación.
a) hasta   b) en
c) a   d) por

20. El avión ...... dentro de 1 hora.
a) tirará   b) varará
c) irá   d) despegará

1. No se ...... de qué hora era.
a) acordado
b) acordaba
c) acorda
d) acordará

2. ...... ha perdido el reloj esta tarde.
a) A mí me
b) Te he
c) Me se
d) Se me

3. Si me dices la verdad no te ....
a) esconderé
b) avergonzaré
c) castigaré
d) diré

4. Han ...... 2 años en prisión a causa de un chantaje.
a) pisado
b) sido
c) tenido
d) pasado

5. No teme a ...... ni a ....
a) nada/ninguno
b) nada/nadie
c) nada/algo
d) nadie//todo

6. Su colección ...... valorada en 2 millones de ptas.
a) ha
b) tiene
c) es
d) está

7. Guarda el maquillaje en un ...... de plástico.
a) cofre
b) guante
c) bola
d) neceser

8. He tenido fiebre ...... toda la semana.
a) por
b) ante
c) durante
d) para

9. Todos los días ...... 1 hora en llegar al trabajo.
a) coge
b) pasa
c) hace
d) tarda

10. He pasado toda la tarde ...... escaparates.
a) pasando
b) metiendo
c) viendo
d) corriendo

11. Mi tía ha dicho que ...... el sábado que viene.
a) había venido
b) vino
c) vendrá
d) ha venido

12. Este chico no sabe ...... ha dejado las gafas.
a) a dónde
b) para dónde
c) que
d) dónde

13. No entiendo ...... has podido perder la cartera.
a) qué
b) quién
c) porqué
d) cómo

14. La lata tenía ...... y se ha salido el agua.
a) un lote
b) una peseta
c) un pincho
d) un agujero

15. Mi tía Lucía me ha encargado comprar ...... de lotería.
a) un taco
b) un bote
c) un trozo
d) un décimo

16. Miguel no está satisfecho ...... su salario.
a) en
b) con
c) para
d) de

17. Este año ...... una buena cosecha de vino en esta región.
a) ha sido
b) ha tenido
c) habría
d) ha habido

18. Me pegó una torta y me echó ...... la calle.
a) en
b) para
c) a
d) por

19. Le he preguntado ...... de ese bote de mermelada.
a) el vale
b) el precio
c) la cosa
d) la pieza

20. El concursante ...... el precio justo del objeto.
a) venció
b) habló
c) acertó
d) pegó

1. Dijo que ...... uno de estos días.
a) había pasado   b) pasaba
c) pasa   d) pasaría

2. No le importa que no ...... a casa.
a) vendrías   b) vendrás
c) vienes   d) vengas

3. Su casa estaba ...... en una colina.
a) plena   b) vacía
c) situada   d) anclada

4. No tiene ni idea de ...... será su próxima ocupación.
a) que   b) en cómo
c) quién   d) cuál

5. Lamento que tu madre ...... enferma todavía.
a) es   b) estuvo
c) está   d) esté

6. Una gallina ...... huevos.
a) saca   b) hace
c) pone   d) tira

7. La casa estaba ...... en 7 millones de pesetas.
a) tenida   b) cuidada
c) situada   d) valorada

8. La cocina está ...... con armarios y horno.
a) medida   b) valorada
c) hecha   d) equipada

9. Todas las mañanas antes de desayunar toma ....
a) un afeitado   b) un lavado
c) una ducha   d) una gimnasia

10. Escoge un juguete, no puedo comprarte ....
a) alguno   b) algo
c) nada   d) todos

11. Llevaba el pelo sujeto ...... un lazo.
a) de   b) para
c) con   d) a

12. Había algunos niños que ...... en la calle.
a) jugaban   b) jugarían
c) juegan   d) jugando

13. No te sienta nada bien fumar ....
a) poco   b) bueno
c) muy   d) tanto

14. La ley hace ...... a todos.
a) otros   b) tales
c) diferentes   d) iguales

15. No quiero este regalo, quiero ....
a) otro   b) bastante
c) alguno   d) nada

16. Desearía otra corbata ...... que la que llevo puesta.
a) parecida   b) semejante
c) igual   d) diferente

17. ¿Quieres un poco ...... de café?
a) más   b) tanto
c) otro   d) tan

18. La manzana tiene en su centro ....
a) el fruto   b) la semilla
c) la piel   d) la fruta

19. Un reloj tiene dos ...... que marcan la hora.
a) manitas   b) lados
c) agujas   d) alfileres

20. La señora miró ...... y se pegó contra la farola.
a) por detrás   b) atrasada
c) hacia atrás   d) hacia delante

1. Al conducir tienes que estar ....
   a) educado   b) atento
   c) atónito   d) atentado

2. Como no hace deporte y come mucho está muy ....
   a) aburrido   b) enfadado
   c) gordo   d) preocupado

3. Anda enfadado ...... todo el mundo.
   a) a   b) en
   c) para   d) con

4. La vela ardía y dejaba caer ....
   a) la acera   b) el aceite
   c) la cera   d) el fuego

5. Los ...... andan por la acera.
   a) caballos   b) peatones
   c) individuos   d) personas

6. Consiguió ganar la carrera ...... los 100 últimos metros.
   a) a   b) con
   c) para   d) en

7. Se dice que ...... es el mejor amigo del hombre.
   a) el asno   b) el gato
   c) el mulo   d) el perro

8. En 1975 ...... menos coches que ahora en las calles.
   a) se hiciera   b) hubo
   c) tenía   d) había

9. No tiene ...... para enfrentarse al problema.
   a) triunfo   b) educación
   c) paciencia   d) valor

10. Haremos todo ...... por ti.
    a) lo demás   b) lo todo
    c) el posible d) lo posible

11. ...... su mala conducta ha sido expulsado del colegio.
    a) Acerca de   b) Para
    c) A causa de d) A pesar de

12. Este libro ...... de 15 capítulos diferentes.
    a) consta   b) hace
    c) alude   d) dispone

13. La puerta ...... abierta cuando entré.
    a) tenía   b) hallaba
    c) estaba   d) era

14. La iglesia estaba llena de ....
    a) congregación b) congregantes
    c) fieles   d) congresistas

15. ...... que conoces mucho ha venido esta tarde.
    a) Como   b) Quien
    c) Algo   d) Alguien

16. Tengo ganas ...... conocer otros países.
    a) con   b) de
    c) para   d) a

17. Limpió las botellas y luego echó en ...... el vino.
    a) las   b) les
    c) ellos   d) ellas

18. En la casa habían entrado los ...... y habían robado todo.
    a) ateos   b) desconocidos
    c) ladrones   d) ratones

19. Se acercó a él y le dijo que ...... ya muy tarde.
    a) podía   b) era
    c) estaba   d) hacía

20. Si tienes ...... bebe un trago de agua.
    a) frío   b) valor
    c) hambre   d) sed

1. Dale ...... a tu hermano de mi parte.
a) favor   b) cajas
c) veces   d) recuerdos

2. A este cuaderno ...... faltan 2 hojas.
a) el   b) se
c) me   d) le

3. La carne se corta con el ....
a) cuchillo   b) asa
c) tenedor   d) pincho

4. En ...... brotan casi todas las flores.
a) primavera   b) invierno
c) verano   d) otoño

5. Mírate en ...... para ver si tienes la raya en el pelo.
a) el salón   b) el muro
c) la puerta   d) el espejo

6. Había colgado un cuadro en ....
a) la mesa   b) el sofá
c) la estantería d) la pared

7. No creo que Pepe tenga ...... en eso.
a) saber   b) cosa
c) problema   d) razón

8. Al morir le ha dejado ...... de 7 millones de ptas.
a) un saludo   b) un recaudo
c) un saber   d) una herencia

9. Todas las localidades estaban ...... y no pudo ver la obra.
a) tiesas   b) plenas
c) agotadas   d) llenas

10. El cardo es ...... muy apreciada
a) una isla   b) una historia
c) una lechuga d) una verdura

11. Luisa va a ...... 13 años esta semana.
a) preparar   b) lanzar
c) echar   d) cumplir

12. Después de ...... la carta al buzón, llamó por teléfono.
a) arrojar   b) poner
c) tirar   d) echar

13. En la calle ...... un farol de hierro.
a) hallaba   b) volvía
c) lucía   d) había

14. Los domingos antes de comer va a tomar ....
a) la cena   b) el helado
c) el aperitivo d) el postre

15. Este piso ...... de 3 habitaciones, 1 baño y 1 cocina.
a) aloja   b) tiene
c) prepara   d) dispone

16. Se ...... en un hotel de 3 estrellas.
a) dispensaba b) estaba
c) alojaba   d) tenía

17. Han ...... un grupo de música folk.
a) alineado   b) conjuntado
c) formado   d) llamado

18. Este niño ...... bastante espabilado.
a) tiene   b) parece
c) logra   d) mira

19. ¿ ...... vas todas las tardes con los libros?
a) Para dónde b) A dónde
c) En dónde   d) Por dónde

20. Ya es invierno, dentro de poco habrá que ...... los rosales.
a) tener   b) crecer
c) podar   d) contar

1. Su madre le ...... dentro de un cuarto oscuro por hacer tonterías.
   - a) dijo
   - b) alejó
   - c) recogió
   - d) castigó

2. ...... las 6 de la tarde ya se pone el sol.
   - a) Hasta
   - b) Por
   - c) En
   - d) Para

3. Se enfadó ...... los que le habían gastado la broma.
   - a) a
   - b) con
   - c) para
   - d) por

4. Las lentejas estaban un poco ...... , no las has dejado cocer bien.
   - a) tiesas
   - b) gordas
   - c) verdes
   - d) fuertes

5. Los locos están internados en ....
   - a) la locomanía
   - b) el hospital
   - c) el loquero
   - d) el manicomio

6. La pared está muy ...... ya hay que volverla a pintar.
   - a) rota
   - b) vacía
   - c) descolorida
   - d) llena

7. ...... 1980 mi familia vive en Madrid.
   - a) Para
   - b) Desde
   - c) De
   - d) A

8. La hembra del caballo es ....
   - a) la mula
   - b) la potra
   - c) la yegua
   - d) la caballa

9. Tengo ...... de que vuelva mi novio.
   - a) vez
   - b) ganancia
   - c) ganas
   - d) gana

10. Este año va a ...... más vacaciones escolares.
    - a) haber
    - b) tener
    - c) estar
    - d) ser

11. Los domingos, en todos los países son días ....
    - a) festivales
    - b) festivos
    - c) dominicales
    - d) dominicales

12. Los Sres. de Gómez son los ...... amigos de mis padres.
    - a) mejor
    - b) algunos
    - c) buenos
    - d) mejores

13. ...... veces es mejor decir una mentira que la verdad.
    - a) A las
    - b) Mucho
    - c) Muchas
    - d) Más

14. No se puede pagar con un cheque, hay que pagar ....
    - a) en talón
    - b) por dinero
    - c) en efecto
    - d) en efectivo

15. Ella ...... el mismo nombre que su madre.
    - a) luce
    - b) llama
    - c) pone
    - d) lleva

16. A Manolo ...... han robado en el mercado.
    - a) te
    - b) el
    - c) se
    - d) le

17. Hoy es martes y ...... era domingo.
    - a) antes
    - b) ayer
    - c) antes ayer
    - d) anteayer

18. Se me acaba ...... ocurrir una idea genial.
    - a) desde
    - b) de
    - c) a
    - d) para

19. Este sábado va a ...... una fiesta en casa de María.
    - a) molestar
    - b) tener
    - c) celebrarse
    - d) pasar

20. ¿No ve usted que está ...... ?
    - a) molesta
    - b) molestando
    - c) molestado
    - d) molestaba

1. Si vinieras pronto te ...... en coche.
   a) traigo
   b) trajese
   c) traeré
   d) traería

2. ...... la carta en el bolsillo del abrigo.
   a) Trago
   b) Trajera
   c) Traer
   d) Traigo

3. Ese coche va a 200 km ...... hora.
   a) para
   b) por
   c) de
   d) a

4. Las Navidades siempre son en ......
   a) febrero
   b) enero
   c) noviembre
   d) diciembre

5. ¡Qué ......, te ha tocado la lotería!
   a) sortudo
   b) moral
   c) suertudo
   d) suerte

6. Le ha insultado y él se ha.. .
   a) lamentado
   b) enfadado
   c) añorado
   d) dormido

7. En este armario ...... los botes de confitura.
   a) póngalo
   b) paciento
   c) guardo
   d) añado

8. No creas ...... de lo que dice.
   a) un poco
   b) un alguno
   c) una ley
   d) una palabra

9. Los niños normalmente son ....
   a) tontos
   b) atravesados
   c) locos
   d) traviesos

10. Abrió la mano y ...... cayó el dinero.
    a) el se
    b) le se
    c) me se
    d) se le

11. El grifo ha estado ...... todo el día.
    a) alargado
    b) golpeado
    c) gritando
    d) goteando

12. Dice que ...... ha preguntado por ....
    a) algo/ti
    b) alguien/tú
    c) alguno/te
    d) alguien/ti

13. Cuando ...... los deberes te dejaré salir a la calle.
    a) acabará
    b) acababa
    c) acabo
    d) acabes

14. El pantalón después de lavar me queda corto, creo que ha ....
    a) atiesado
    b) encogido
    c) alargado
    d) estreñido

15. Antes de ...... piensa un poco las cosas.
    a) pasar
    b) asediar
    c) hablar
    d) decir

16. Antes de entrar dejen ....
    a) la puerta
    b) abierto
    c) salir
    d) luego

17. Su tía le ha ...... un paquete desde Alemania.
    a) cogido
    b) pasado
    c) enviado
    d) sacado

18. Si ...... te dice eso, no le creas.
    a) otros
    b) algún
    c) alguien
    d) algo

19. Antes de utilizar el aparato lee las ...... de uso.
    a) papeles
    b) instrucciones
    c) instancias
    d) notas

20. La región de Aragón está ...... por 3 provincias.
    a) partida
    b) constipada
    c) constada
    d) constituida

1. ...... persona puede abrir una cuenta en un banco.

    a) cualquiera   b) cualquier

    c) alguna   d) alguien

2. Su padre le ha ...... por las buenas notas.

    a) dado   b) felicitado

    c) dicho   d) mandado

3. Estuvo 3 años ...... ver a nadie.

    a) a   b) por

    c) con   d) sin

4. Estaban ...... de un tema muy interesante.

    a) hablaba   b) habla

    c) hablando   d) hablar

5. No veía nada porque estaba ...... en sus ideas.

    a) quieto   b) convertido

    c) aterido   d) abstraído

6. He ...... la música de esta canción.

    a) repuesto   b) impuesto

    c) componido   d) compuesto

7. Me han ...... las cartas que había enviado.

    a) impuesto   b) devolvido

    c) disuelto   d) devuelto

8. El suelo estaba ...... de papeles y periódicos.

    a) escrito   b) pasado

    c) aplanado   d) cubierto

9. Me volví a casa ...... amenazaba lluvia.

    a) como   b) ya

    c) así   d) porque

10. ...... venga el lunes o el martes.

    a) Ciertamente   b) Si

    c) Quizá   d) Tampoco

11. ...... te queda algo de tiempo para coger el autobús.

    a) Mientras   b) Aunque

    c) Dentro   d) Todavía

12. Había ...... libros que no se veía el armario.

    a) tal   b) tantos

    c) tanto   d) tan

13. ...... me contestes te castigo.

    a) Ya que   b) Como

    c) Porque   d) Pues

14. La casa ...... nací, está casi destruida.

    a) donde   b) en cual

    c) en esta   d) en la

15. ...... agradecerás bastante lo que tu madre hizo por ti.

    a) Algo   b) Entonces

    c) Nunca   d) Ya

16. Lo hará ...... tú deseas.

    a) con   b) así

    c) cuales   d) como

17. Aprecio ...... tu amistad por ....

    a) muy/yo   b) mucho/mí

    c) mucho/me   d) pero/mí

18. Dejo esto ...... los empleados que trabajan aquí.

    a) hasta   b) por

    c) para   d) en

19. Comeremos en el hotel ...... den las 2 de la tarde.

    a) mientras   b) hasta

    c) cuando   d) pero

20. Hemos ...... el paquete que nos has dado.

    a) deshilado   b) deshacer

    c) deshilado   d) deshecho

1. El profesor ...... los estudiantes se van de viaje de estudios.
   - a) a
   - b) ya
   - c) y
   - d) pero

2. A los pocos días enfermó ...... el padre de ella.
   - a) porque
   - b) cuando
   - c) así
   - d) también

3. Si aspiras ...... mejorar de posición, trabaja mucho.
   - a) de
   - b) a
   - c) para
   - d) en

4. ¡Como continúes portándote ...... mal, te quedarás en casa!
   - a) tanta
   - b) tan
   - c) tanto
   - d) tal

5. ...... no hay remedio, llévalo con paciencia.
   - a) Siempre que
   - b) Así que
   - c) Pues
   - d) Ya que

6. Puedes divertirte ...... que no hagas daño a ....
   - a) con tal de/nadie
   - b) en/algo
   - c) puesto/nadie
   - d) así/nada

7. Te lo digo ...... vayas con cuidado.
   - a) así que
   - b) para que
   - c) con que
   - d) para

8. ...... que no ha venido, debe estar enfermo.
   - a) Cuando
   - b) Porque
   - c) Así
   - d) Puesto

9. No podré visitarte ...... salgo de viaje.
   - a) cuando
   - b) supuesto que
   - c) porque
   - d) por que

10. Tu amigo te ayudará para que ...... antes.
    - a) terminabas
    - b) termines
    - c) terminas
    - d) terminaras

11. Estudia ...... que pierde el apetito.
    - a) tal
    - b) tanto
    - c) tan
    - d) así

12. Iré ...... me cueste la vida.
    - a) algo
    - b) aunque
    - c) sin embargo
    - d) así que

13. El tigre y la pantera están ....
    - a) tranquilo
    - b) tranquila
    - c) tranquilos
    - d) tranquilas

14. Nosotros ...... más tarde que ellos
    - a) coman
    - b) comamos
    - c) comeremos
    - d) comeríamos

15. Tú y ella ...... juntos al teatro.
    - a) irá
    - b) iremos
    - c) iréis
    - d) irán

16. Ella y yo ...... hermanos.
    - a) están
    - b) somos
    - c) sois
    - d) son

17. Saldremos ...... la tarde con vosotros.
    - a) de
    - b) con
    - c) en
    - d) por

18. ...... durmiendo, entró gente en mi casa.
    - a) Estar
    - b) Estando
    - c) Ser
    - d) Siendo

19. Dictó un texto ...... los alumnos lo copiaran.
    - a) luego que
    - b) como
    - c) para que
    - d) así que

20. Paseando por la calle ...... una caída.
    - a) cogí
    - b) acerté
    - c) sufrí
    - d) hice

1. Me hice daño ...... saltar el riachuelo.
- a) en
- b) a
- c) para
- d) al

2. Tu amiga vive ...... de mi casa.
- a) lejos
- b) allí
- c) apenas
- d) sin

3. Creo que ...... el sábado.
- a) venga
- b) vendría
- c) venir
- d) vendrá

4. Tu familia te ...... si no dejas el vicio.
- a) abandonaba
- b) abandonará
- c) abandona
- d) abandonase

5. Cuando César llegó a África ...... a sus enemigos.
- a) ataque
- b) atacó
- c) atacaba
- d) atacará

6. Todo ejército debe tener soldados y ....
- a) oficios
- b) directores
- c) presidentes
- d) oficiales

7. No es ...... encontrar una persona tan bondadosa.
- a) frecuente
- b) famoso
- c) frecuentado
- d) frecuentemente

8. La cartera ...... guardaba el dinero se ha roto.
- a) en cual
- b) en lo que
- c) en la que
- d) en ella que

9. El cazador regaló las perdices a un primo ....
- a) de sí
- b) suyo
- c) mi
- d) su

10. El oro y la plata son metales ....
- a) preparados
- b) preciosos
- c) premiosos
- d) precisos

11. Iremos al mar cuando ...... buen tiempo.
- a) hará
- b) haga
- c) hace
- d) hay

12. La fábrica que compré, se hipotecó para ...... las deudas de un hermano.
- a) dejar
- b) apartar
- c) crear
- d) pagar

13. No volveré al teatro en ...... la semana próxima.
- a) algo
- b) siempre
- c) esta
- d) toda

14. ¿Pasarás el verano ...... Biarritz?
- a) por
- b) en
- c) a
- d) para

15. Luis pasea ...... el jardín.
- a) para
- b) a
- c) por
- d) en

16. Lo que tú deseas no ...... posible.
- a) ser
- b) es
- c) hay
- d) está

17. Juan desea que ....
- a) viene
- b) vengo
- c) vienes
- d) vengas

18. Es ...... que salgas antes de casa.
- a) preferable
- b) parecido
- c) prefiero
- d) preferible

19. Pedro come si tiene ....
- a) apático
- b) apetecible
- c) valor
- d) apetito

20. Él come más de lo que su estómago ....
- a) permisible
- b) permitía
- c) permite
- d) permito

1. Mientras pescábamos, Juanita se ...... al agua.
   a) cae   b) calló
   c) cayó   d) caía

2. El suelo está hoy muy ....
   a) humedado   b) mojado
   c) aguado   d) lluvioso

3. Entró sin ver a ....
   a) alguien   b) alguno
   c) nada   d) nadie

4. Es pobre ...... honrado.
   a) luego   b) a más
   c) pero   d) ya

5. Trabaja para hacer unas pequeñas ....
   a) economías   b) económicas
   c) haberes   d) haciendas

6. Me he enterado de todo y ...... lo diré.
   a) él   b) le
   c) se   d) me

7. Mi amigo se marcha de Madrid ...... noche.
   a) esta   b) la
   c) por   d) este

8. El brillante ...... me regalaste ...... perdió.
   a) que/me   b) cual/le
   c) cual/me se   d) que/se me

9. Está muy contento ...... su nueva casa.
   a) a   b) desde
   c) con   d) por

10. Permaneceremos en París 8 días ...... compañía de tu amigo.
   a) para   b) a la
   c) con   d) en

11. Tú y tu hermana cobraréis ...... la herencia.
   a) por   b) al
   c) hasta   d) pronto

12. Ha sido ...... de ese crimen.
   a) perdido   b) fallado
   c) absuelto   d) absolvido

13. El cuchillo ...... para cortar cosas.
   a) valió   b) sabe
   c) servir   d) sirve

14. No ...... tiempo de hacer las maletas y me fui sin ellas.
   a) tuviera   b) tendré
   c) tuve   d) tení

15. Por regla ...... las palabras son cortas en español.
   a) generalmente   b) generalizada
   c) realidad   d) general

16. Todo esto hace ...... de 2.000 ptas.
   a) un sumar   b) un cambio
   c) un montón   d) un total

17. Antes de partir para el extranjero, dejaré ...... mis asuntos más urgentes.
   a) acabar   b) resolucionados
   c) revueltos   d) resueltos

18. ¡Luis, ... el favor de escucharme!
   a) prepara   b) pon
   c) haz   d) toma

19. Fueron llamados ...... declarar todos los testigos.
   a) sin   b) pon
   c) en   d) a

20. ...... la carrera, entró en una sociedad mercantil.
   a) Para terminar   b) Terminada
   c) Después   d) Terminó

1. Tu hermano es un muchacho inteligente, ... fracasa siempre.
- a) sea
- b) sin embargo
- c) luego
- d) así que

2. Me propongo averiguar ...... ocurrió este hecho.
- a) qué
- b) siempre
- c) cual
- d) cómo

3. ¿No te da ...... portarte tan mal?
- a) negligencia
- b) positivo
- c) valor
- d) vergüenza

4. Debes (de) ...... de escribir claro y sin faltas.
- a) emprender
- b) lograr
- c) ensayar
- d) tratar

5. Ese hombre parece ...... bastante sordo.
- a) estar
- b) andar
- c) ir
- d) ser

6. ...... la noticia en ese periódico.
- a) Hayas
- b) Medirás
- c) Darás
- d) Encontrarás

7. Estos problemas se ...... fácilmente.
- a) caen
- b) formalizan
- c) resuelven
- d) pasean

8. ...... lo pongo a tu disposición.
- a) Esto de mío
- b) Lo mí
- c) Lo mío
- d) De mí

9. Debes ...... 3 ejemplos de cada frase.
- a) estar
- b) suceder
- c) poner
- d) aclarar

10. Era el chico ...... de toda la escuela.
- a) mucho aplicado
- b) más aplicado
- c) muy aplicado
- d) tan aplicado

11. Es ...... que trates de esconder la verdad.
- a) apacible
- b) serio
- c) útil
- d) inútil

12. Mi abuelo es un tipo muy ......, nunca se enfada.
- a) casero
- b) antipático
- c) apático
- d) apacible

13. En el piso ...... estaba la cocina y en el de arriba las habitaciones.
- a) superior
- b) bajero
- c) vacío
- d) inferior

14. Estuvimos ...... el alcalde en el teatro.
- a) para
- b) con
- c) en
- d) a

15. No tiene ...... idea de qué hacer.
- a) sin
- b) una
- c) ni
- d) no

16. Ha estado ...... de su familia durante algunos años.
- a) ayudado
- b) tenido
- c) callado
- d) alejado

17. Es una solución muy ...... para ese problema.
- a) capaz
- b) próxima
- c) fatal
- d) acertada

18. El guardia ha impuesto muchas ...... por infracciones de tráfico.
- a) rebajas
- b) multas
- c) cotizaciones
- d) papeles

19. ...... simpatía siempre ...... agradable.
- a) La/suena
- b) El/parece
- c) El/está
- d) La/es

20. ...... puede conseguir el título de enfermero.
- a) Alguien
- b) Quienes
- c) Alguno
- d) Cualquiera

1. **Encontrarás ese cuaderno en el segundo ....**
   a) estantería   b) clase
   c) paso   d) estante

2. **Hay días en los que ...... parece más fácil.**
   a) otro   b) nadie
   c) todo   d) alguien

3. **Tienes que ...... los nombres por orden alfabético.**
   a) obtener   b) rodear
   c) echar   d) clasificar

4. **El ladrón fue visto ...... la policía.**
   a) para   b) por
   c) en   d) a

5. **Ese pobre hombre ...... de la caridad pública.**
   a) pasa   b) acude
   c) trabaja   d) vive

6. **Lo que apenas tiene valor para ti sí es importante para ....**
   a) los otro   b) nadie
   c) algo   d) otros

7. **Pedro estudia ...... lecciones en su habitación.**
   a) sus   b) su
   c) mi   d) suyas

8. **Podéis ...... porque todo ha concluído.**
   a) iréis   b) irse
   c) idos   d) iros

9. **...... nos toque el primer premio en la lotería, haremos un viaje.**
   a) Cuando   b) En tanto
   c) Aunque   d) Si

10. **El viento es muy fuerte y pone en ...... las embarcaciones.**
    a) paro   b) peligro
    c) posición   d) parado

11. **¿Cómo puedo resolver el problema ...... falta uno de los datos?**
    a) pero   b) a
    c) aunque   d) si   .

12. **¡ ...... hermosa es esta puesta de sol!**
    a) Cual   b) Cuánto
    c) Cómo   d) Qué

13. **¡No ...... fácil salir airoso de esto!**
    a) hace   b) hay
    c) es   d) está

14. **Ya me ...... las 5 primeras lecciones.**
    a) coloco   b) conozco
    c) se   d) sé

15. **El gobierno estudiará la proposición ...... la amnistía.**
    a) con   b) a
    c) en   d) sobre

16. **¡Tienes que volver aquí lo ...... posible!**
    a) pronto   b) mucho
    c) antes   d) tan

17. **Ese señor sabe tocar 5 ....**
    a) alados   b) cajas
    c) instrumentos   d) lados

18. **...... estos son ya 13 los caballos muertos.**
    a) A   b) Para
    c) Con   d) En

19. **Lo pasó tan ...... que no volvió más a ese sitio.**
    a) seguro   b) posible
    c) bien   d) mal

20. **Hemos de ...... que la verdad reine en el mundo.**
    a) procurar   b) decir
    c) sacar   d) tener

1. Iría a verte pero no ...... ahora.
a) podo
b) he podido
c) podía
d) puedo

2. ...... será mi compañero de viaje.
a) Está
b) Esos
c) Ése
d) Antes

3. La carta no ...... en el sobre, es demasiado grande.
a) cape
b) sale
c) sabe
d) cabe

4. Te veré ...... tarde en el baile.
a) en
b) poco
c) muy
d) más

5. La lucha ...... la victoria a los romanos.
a) sacó
b) añadió
c) consiguió
d) dio

6. La jarra servía a. ...... de jarrón de flores.
a) mano
b) forma
c) modo
d) fondo

7. Cuando ...... por la calle, vimos a Juan con su hermana.
a) andé
b) ha andado
c) andábamos
d) andamos

8. En toda sociedad ...... unas reglas de comportamiento.
a) parecen
b) están
c) son
d) existen

9. Esta vez el hombre del tiempo ....
a) se ha equivocado
b) se ha puesto
c) ha equivocado
d) se ha fallado

10. Este detalle es ...... para solucionar este asunto.
a) fallido
b) vacío
c) decisivo
d) pleno

11. Los nombres propios se escriben con ....
a) letras
b) minúsculas
c) palabras
d) mayúsculas

12. Lo contrario de alegre es ....
a) longevo
b) pasivo
c) triste
d) amargo

13. Cuando ...... en Mallorca, compré muchos objetos de cuero.
a) he estado
b) había estado
c) estoy
d) estuve

14. Su falta de ...... le hizo equivocarse.
a) presunción
b) probabilidad
c) valor
d) seguridad

15. Tienes que aparcar bien el coche, ... se lo llevará ....
a) si/la canoa
b) aunque/la grúa
c) si no/el camión
d) si no/la grúa

16. Si ...... muy enfermo, llama al médico.
a) pone
b) sucede
c) está
d) coge

17. El ...... allí era salvaje y lleno de color.
a) paisaje
b) cielo
c) pañuelo
d) mantel

18. 2 y 5 ...... siete.
a) restan
b) añaden
c) suman
d) multiplican

19. Si quieres tener dinero ...... que ahorrar.
a) pondrás
b) habrás
c) tendrías
d) tendrás

20. Holanda ...... una gran llanura ganada al mar.
a) adquiere
b) constituye
c) ayuda
d) vende

1. La religión ...... en España es la católica.
a) predominante   b) actual
c) propia   d) real

2. Todos los seres humanos tienen unos rasgos ...... iguales.
a) primerizos   b) básicos
c) faciales   d) secundarios

3. En Argentina ...... el español.
a) se dice   b) se practica
c) habla   d) se habla

4. Mi abuelo ...... en la 2ª Guerra Mundial.
a) lucha   b) anduvo
c) combate   d) combatió

5. Si quieres saber donde está ese país mira en ....
a) el mapa   b) el cielo
c) la carta   d) la letra

6. En la ...... de la casa estaba el escudo de la familia.
a) muro   b) altura
c) fachada   d) pared

6. Desde el balcón se ...... todo el valle.
a) doblaba   b) divide
c) muestra   d) divisa

8. Él no es tan hábil, pero es ...... prudente.
a) tanto   b) si
c) más   d) tan

9. Los romanos ...... España durante muchos siglos.
a) ocupo   b) ocuparán
c) ocupan   d) ocuparon

10. En esta laguna hay una ...... y flora muy ....
a) verdura/variadas
b) animalía/variados
c) grupos/variadas
d) fauna/variadas

11. El ...... del perro se llama Jorge.
a) señor   b) ducado
c) dueño   d) ama

12. ...... terminó la guerra, todos volvieron a sus casas.
a) Porque   b) Entonces
c) Tan pronto   d) Ya que

13. Si trabajas recibirás un...... a final de mes.
a) recaudo   b) salario
c) deudo   d) sanal

14. La industria de nuestro país está en ...... de desarrollo.
a) sección   b) fácil
c) vías   d) plenas

15. Le dio el dinero ...... se marchó tan contento.
a) aún   b) luego
c) pero   d) y

16. ¿ ...... ha venido a buscarte hoy?
a) Qué   b) Quién
c) Cuál   d) Quienes

17. Me contó ...... le habían robado la noche anterior.
a) el que   b) cuando
c) que   d) cual

18. Es muy ...... con el arco y las flechas.
a) estrecho   b) fácil
c) estudioso   d) hábil

19. El camino era muy ...... y no se podía apenas pasar.
a) cambiado   b) fatal
c) estrecho   d) ancho

20. ...... muy cambiado desde que volvió de la 'mili'.
a) Acababa   b) Salía
c) Era   d) Estaba

1. Las cosas no se hacen ....
   - a) cual
   - b) como
   - c) así
   - d) porqué

2. ...... éxitos le valieron el sobrenombre de "El Gran Capitán".
   - a) El
   - b) Tanto
   - c) Tales
   - d) Tan

3. ...... por la tienda, recoge la bolsa.
   - a) Al coger
   - b) Al izar
   - c) Al pasar
   - d) Al entrar

4. Tuerce a la derecha y luego ...... todo recto.
   - a) sigue
   - b) echa
   - c) pasa
   - d) llega

5. Las intrigas le ...... la vida.
   - a) vivieron
   - b) amargaron
   - c) contentaron
   - d) alegraron

6. Todo su saber ...... en estos libros.
   - a) está contenido
   - b) está hecho
   - c) es contenido
   - d) está ubicado

7. ...... le hizo caso, excepto una persona.
   - a) Alguien
   - b) Nada
   - c) Alguno
   - d) Nadie

8. Se consideraba su presencia ...... una amenaza.
   - a) al paso
   - b) a saber
   - c) tal
   - d) como

9. Cuando su padre ......, él heredó el reino.
   - a) luchó
   - b) acabó
   - c) pasó
   - d) murió

10. ...... su venida, todo estaba tranquilo.
   - a) Al
   - b) Cuando
   - c) Para
   - d) Hasta

11. Lucha ...... defender unos ideales imposibles.
   - a) con
   - b) a
   - c) en
   - d) por

12. El pueblo ...... sometido por completo.
   - a) ayudó
   - b) mantuvo
   - c) quedó
   - d) pasó

13. ...... amable con todos y eso le ...... simpático.
   - a) Está/mantiene
   - b) Es/tiene
   - c) Es/hace
   - d) Hay/hace

14. Las ciudades bien ...... se han agrandado mucho.
   - a) puestos
   - b) vistas
   - c) emplazadas
   - d) compuestas

15. Los zapateros ...... los zapataos y las botas.
   - a) ponen
   - b) venden
   - c) reparan
   - d) hacen

16. Por las calles en otros tiempos no ...... apenas vehículos.
   - a) traían
   - b) desaparecían
   - c) circulaban
   - d) recorrían

17. Me alegro ...... estés bien
   - a) a que
   - b) cual
   - c) que
   - d) de que

18. Los artesanos trabajan con ....
   - a) la máquina
   - b) la cabeza
   - c) las manos
   - d) sus ojos

19. ...... de esta casa, tiene otras 2 en la costa.
   - a) A pesar
   - b) Con
   - c) Así
   - d) Además

20. Las principales ...... van todas a Madrid.
   - a) calles
   - b) avenidas
   - c) rutas·
   - d) sitios

1. Barcelona es una ciudad con un ...... mercante importante.
   - a) estanque
   - b) portal
   - c) sitio
   - d) puerto

2. La empresa ...... cada día más beneficios.
   - a) marcha
   - b) merca
   - c) pasa
   - d) obtiene

3. Los cuentos infantiles narran historias ....
   - a) reales
   - b) posibles
   - c) creíbles
   - d) inverosímiles

4. ...... mi padre y mi tío suman 89 años.
   - a) En
   - b) Entre
   - c) A
   - d) De

5. Le dijo que ...... iniciar otro negocio.
   - a) había decidido
   - b) decidiría
   - c) ha decidido
   - d) decidiera

6. No sé ...... podré venir mañana.
   - a) que si
   - b) donde
   - c) que
   - d) si

7. Los magos ...... que en el año 2010 habrá otra guerra.
   - a) predijan
   - b) predicho
   - c) predijen
   - d) predicen

8. Se ha ganado ...... de valiente ...... sus victorias.
   - a) el carácter/a
   - b) la fama/por
   - c) la fé/por
   - d) la fama/en

9. Algunas veces la verdad hace ....
   - a) estar
   - b) gusto
   - c) placer
   - d) daño

10. El sofá ocupaba ...... de la pieza.
    - a) la zona
    - b) el solar
    - c) el centro
    - d) la esfera

11. Mis primos no saben ...... podrán venir.
    - a) siempre
    - b) ya
    - c) cuándo
    - d) que

12. En la escuela te enseñan todo ...... de materias.
    - a) especie
    - b) alarde
    - c) tipo
    - d) clase

13. Ese florero está ...... descentrado, ¡ponlo bien!
    - a) algo
    - b) alguien
    - c) poco
    - d) casual

14. La ley es siempre ...... por los más fuertes.
    - a) hablada
    - b) posada
    - c) dicha
    - d) dictada

15. Han ...... restos de otras civilizaciones.
    - a) tenido
    - b) hollado
    - c) hallado
    - d) buscado

16. ...... muchos años no han descubierto otros planetas.
    - a) A
    - b) Para
    - c) Por
    - d) Durante

17. ¿Dónde ...... jugar, aquí o en el parque?
    - a) prefieres
    - b) querer
    - c) dices
    - d) vas

18. Al llegar ...... una especie de cabaña, tu padre está allí.
    - a) oirás
    - b) tendrás
    - c) ves
    - d) verás

19. De sus ojos caían ...... de tristeza.
    - a) sollozos
    - b) gemidos
    - c) lamentos
    - d) lágrimas

20. No quiere que ...... su cara de amargura.
    - a) veas
    - b) ves
    - c) verás
    - d) verías

1. En la ciudad me espera un amigo ...... tú conoces.
   - a) a donde
   - b) por donde
   - c) que
   - d) donde

2. Le felicitó ...... por su nombramiento como director.
   - a) gradualmente
   - b) efusivamente
   - c) tristemente
   - d) apaciblemente

3. No le gusta que le trates ....
   - a) con descortesía
   - b) de modo
   - c) a punto
   - d) bien

4. Lamento que tu padre ...... enfermo.
   - a) estaba
   - b) sea
   - c) está
   - d) esté

5. En el ...... nadaban algunos patos y otras aves.
   - a) salón
   - b) valle
   - c) estanque
   - d) jardín

6. Si llegas ...... podrás coger el tren de las 10.
   - a) a manera
   - b) a tiempo
   - c) así
   - d) con retraso

7. Ha quedado con Mario ...... 11 y media.
   - a) por las
   - b) a las
   - c) en las
   - d) a la

8. Si aprendes pronto ...... el curso con aprobado.
   - a) harás
   - b) pondrás
   - c) sacarás
   - d) vendrás

9. Se ha comprado un coche y una casa ....
   - a) nuevo
   - b) nueva
   - c) nuevos
   - d) nuevas

10. Su padre ...... a la enseñanza.
    - a) dedicando
    - b) dedicar
    - c) dedica
    - d) se dedica

11. Tiene que pagar la cuenta al ....
    - a) más allá
    - b) traste
    - c) pasar
    - d) contado

12. Su vida ...... apaciblemente en un pueblo de la montaña.
    - a) transcurre
    - b) tiene
    - c) pasa
    - d) vuelve

13. Me preocupa que ...... en la ciudad.
    - a) se largue
    - b) se pierda
    - c) pierda
    - d) pierde

14. El lugar más alto del mundo ...... en Nepal.
    - a) da
    - b) pasa
    - c) está
    - d) es

15. Se preocupa por ...... sus compañeros.
    - a) todos
    - b) otros
    - c) todo
    - d) esos

16. ...... dijo cuando ...... de casa.
    - a) Me lo/salgo
    - b) De lo/salía
    - c) Lo me/saldrá
    - d) Me lo/salía

17. Más vale pájaro en mano ...... ciento volando.
    - a) de
    - b) para
    - c) que
    - d) en

18. ...... su juventud dio muchos problemas.
    - a) A
    - b) Dentro de
    - c) Por
    - d) En

19. El sol sale por un lado y se ...... por otro.
    - a) pasa
    - b) pone
    - c) cae
    - d) sale

20. Luis y ...... novia se casarán el próximo mes.
    - a) su
    - b) suya
    - c) mi
    - d) tu

1. Hoy ...... día la vida tiene muchas comodidades.

   a) en   b) por

   c) a   d) el

2. Está ...... como si fuera a morir pronto.

   a) vivir   b) viviendo

   c) a vivir   d) por vivir

3. La vida ...... a pesar de todo.

   a) pierde   b) vale

   c) continúa   d) tiene

4. Las ...... hacen hoy muchos ...... los trabajos del hombre.

   a) máquinas/para   b) máquinas/de

   c) cosas/de   d) personas/de

5. En la playa los ...... después de nadar se tumban al sol.

   a) bañistas   b) algunos

   c) ciudadanos   d) transeúntes

6. Se ha ...... en medicina interna.

   a) servido   b) especializado

   c) hecho   d) especializo

7. Con el invierno llega ...... y el frío.

   a) el granito   b) el clima

   c) las nubes   d) el agua

8. Lucía un sol espléndido cuando ...... a aquel pueblo

   a) llegara   b) he llegado

   c) llegaba   d) llegué

9. Agradezco ...... de tus palabras.

   a) el estilo   b) la pasada

   c) la sinceridad   d) la llegada

10. Sus pasos ...... en la escalera.

   a) andaban   b) llegaban

   c) oían   d) se oían

11. No sé por qué ....

   a) vendrías   b) vendrás

   c) venías   d) has venido

12. La bebida le hacía ponerse ....

   a) adecuado   b) borracho

   c) triste   d) mudo

13. ...... mi opinión este vino es demasiado caro.

   a) Sin   b) Por

   c) A   d) En

14. Se lo encontró en la calle por ....

   a) casualidad   b) reto

   c) hallazgo   d) fortuna

15. Ven a mi casa ...... quieras.

   a) si   b) cual

   c) que   d) cuando

16. Todo el mundo estaba ...... con el héroe.

   a) triste

   b) entusiasmado

   c) a viva

   d) a punto

17. ...... chico que ves es mi hermano.

   a) Un   b) Como

   c) Ese   d) Tal

18. ¿ ...... están todos los regalos?

   a) Qué   b) Dónde

   c) Para dónde   d) A dónde

19. El director ...... ha reunido a todos en la sala.

   a) ellos   b) el

   c) le   d) los

20. ¡ ...... el cuadro en la pared!

   a) Coge   b) Eleva

   c) Colga   d) Cuelga

1. Se ...... todo el día borracho.
   a) acaba   b) anda
   c) pasa   d) va

2. ...... que he visto su hazaña, ya no tengo miedo.
   a) De   b) Por lo
   c) Desde   d) En

3. Es más educado de lo que ....
   a) espero   b) esperado
   c) esperaba   d) he esperado

4. ...... me gusta ese sitio de ahí.
   a) De mí   b) A mí
   c) Yo   d) Mío

5. Espero que te ...... mi regalo.
   a) guste   b) gustaría
   c) gusta   d) gustaba

6. Ha empezado a llover al ...... en el café.
   a) pasar   b) entrar
   c) salir   d) acabar

7. No tenía ...... comportarse así.
   a) con tal   b) cuando
   c) porqué   d) cómo

8. He estado mucho tiempo ...... de mi país.
   a) por   b) lejano
   c) cerca   d) fuera

9. Cuando yo ...... no había nacido ya había tranvías por las calles.
   a) pero   b) con todo
   c) ya   d) todavía

10. Me agrada que ...... conmigo.
   a) vienes   b) estés
   c) seas   d) estás

11. En el Amazonas quedan pocas ...... salvajes.
   a) tribales   b) tributos
   c) tribus   d) países

12. Vive de su ......, es un artista.
   a) vida   b) locura
   c) imaginación   d) imagen

13. Conozco a gentes muy ...... y con costumbres muy raras.
   a) amables   b) lejanas
   c) extrañas   d) monas

14. ¿Has pescado mucho? Bueno, no ha ...... mal.
   a) tenido   b) pasado
   c) sido   d) estado

15. No he visto ...... cosa interesante.
   a) ninguna   b) nadie
   c) nunca   d) nada

16. Ha estado ...... toda la noche para el examen.
   a) corrigiendo   b) estudiando
   c) preparando   d) estudian

17. El castillo estaba ...... por un foso.
   a) metido   b) rodeado
   c) atravesado   d) pasado

18. Coge ese sillón, ahí estarás ....
   a) preparado   b) listo
   c) cómodo   d) sencillo

19. ¿ ...... paquetes hay?
   a) Cuán   b) Cuánto
   c) Cómo   d) Cuántos

20. ¿Tienes ...... de dinero para el taxi?
   a) algo   b) alguno
   c) nada   d) poco

1. La vida de un artista a veces no es nada ....
   a) costosa　　　　b) preparada
   c) propicia　　　　d) agradable

2. ¿Sabes ...... nombre le han ...... al niño?
   a) cómo/puesto　　b) qué/llamado
   c) cual/seña　　　d) qué/puesto

3. Al ...... sale el sol.
   a) tarde　　　　　b) mañana
   c) alba　　　　　　d) atardecer

4. Le tiene miedo ...... toro bravo.
   a) para el　　　　b) a el
   c) al　　　　　　　d) a

5. Su contrincante le tiró ...... el suelo y se dio un fuerte ....
   a) contra/golpe　b) del/arañazo
   c) de/golpe　　　d) en/paseo

6. La plaza estaba ...... de público.
   a) acabada　　　　b) tendida
   c) abarrotada　　d) tiesa

7. Conduce ...... para no tener un accidente.
   a) con rapidez
   b) con pesar
   c) con prudencia
   d) con facilidad

8. No me gusta la ...... de sus ojos.
   a) expresión　　　b) talla
   c) facilidad　　　d) cara

9. ¡...... encanto de chiquilla!
   a) Cuál　　　　　b) Cuándo
   c) Cómo　　　　　d) Qué

10. ¡Eso sí ...... es un salto!
    a) que　　　　　　b) que tal
    c) cuan　　　　　d) cual

11. ¡Llamó a la puerta y una voz dijo: "......"!
    a) yo　　　　　　b) cierra
    c) volved　　　　d) adelante

12. Para un torero es importante el arte y la ....
    a) pasada　　　　b) valentía
    c) canción　　　　d) aparición

13. Cuando ...... mucho frío no salgo a la calle.
    a) sale　　　　　b) sucede
    c) hace　　　　　d) hay

14. ¿Has visto ...... prepara María el pollo al ajillo?
    a) cuál　　　　　b) qué
    c) cuándo　　　　d) cómo

15. El servicio es ...... día peor.
    a) en　　　　　　b) por
    c) todo　　　　　d) cada

16. Le he dejado ...... unos amigos en el salón.
    a) por　　　　　　b) con
    c) al　　　　　　　d) en

17. Usted tiene que ...... equivocado.
    a) hacer　　　　　b) tener
    c) estar　　　　　d) ser

18. ¡Debes ...... ahora mismo a la cama!
    a) irme　　　　　b) irte
    c) irle　　　　　　d) irnos

19. ¿Cómo ...... ? Bien, gracias.
    a) estás　　　　　b) sois
    c) has　　　　　　d) eres

20. Mis zapatos están ......, los he limpiado bien.
    a) vacíos　　　　　b) pequeños
    c) sucios　　　　　d) relucientes

1. ¿...... hago ahora con esta maleta?
    a) Qué tal   b) Cuándo
    c) Cómo   d) Qué

2. El chico tenía el pantalón ...... cuando bajó del árbol.
    a) vendido   b) listo
    c) agujereado   d) planchado

3. Este tipo de trabajo no es bueno ....
    a) de ti   b) contigo
    c) a ti   d) para ti

4. No quiere perder el trabajo ...... una tontería.
    a) de   b) para
    c) con   d) por

5. Me ...... muy preocupada, dijo la madre al niño.
    a) has   b) tienes
    c) vas   d) eres

6. Se quejó ...... las autoridades por el mal trato de los policías.
    a) ante   b) por
    c) con   d) de

7. Han llamado ...... teléfono, era para ....
    a) por/tú   b) con/ti
    c) al/tú   d) por/ti

8. ¿Tienes noticias ...... tu familia?
    a) a   b) en
    c) por   d) de

9. Vuelve a ...... esa frase hasta que la pronuncies bien.
    a) realizar   b) exprimir
    c) tener   d) repetir

10. Es un año ...... para los viñedos.
    a) entretenido   b) habitual
    c) excelente   d) fácil

11. Tienes suerte ...... poseer una casa como ésta.
    a) para   b) de
    c) a   d) en

12. Ya es ...... de empezar la clase.
    a) pronto   b) tarde
    c) tiempo   d) hora

13. Ten cuidado ...... lo que haces.
    a) en   b) con
    c) a   d) por

14. ...... importante ahora es tu seguridad personal.
    a) Lo más   b) Que más
    c) El más   d) La más

15. Se ha reído ...... su propia cara.
    a) con   b) por
    c) en   d) para

16. Estoy acostumbrado ...... llevar camisa y corbata.
    a) en   b) con
    c) para   d) a

17. Con un traje normalmente se lleva ....
    a) bufanda   b) medias
    c) corbata   d) guantes

18. Se ha ...... una persona muy intransigente.
    a) cambiado   b) convertido
    c) hecho   d) vuelto

19. Es una broma de muy mal ....
    a) gusto   b) valor
    c) espacio   d) carácter

20. Se contenta siempre con ...... poco.
    a) mucho   b) menos
    c) más   d) muy

1. Mi madre se ...... Martínez.
a) llama
b) apellida
c) tiene
d) es

2. Pensaba que esto me ...... a olvidar.
a) ayuda
b) ayudaría
c) ayudaba
d) ayudado

3. Este camino no lleva a ...... sitio.
a) nadie
b) ningún
c) ninguno
d) nada

4. ¡Olvida ...... de una vez para siempre!
a) eso
b) este
c) algo
d) el

5. No quiero volver a hablar ...... eso.
a) para
b) por
c) de
d) a

6. Lo ...... de todo es que no sé donde ir.
a) nada
b) posible
c) mejor
d) peor

7. Si tienes miedo ...... la luz.
a) enciende
b) encendiendo
c) has encendido
d) endenderás

8. Se ...... como 2 gotas de agua.
a) igualan
b) igual
c) son
d) parecen

9. ¿Necesitas que ...... ayude?
a) el
b) tu
c) me
d) te

10. La mesa tiene 2 metros de largo ...... 1,5 de ancho.
a) de
b) en
c) a
d) por

11. No comas eso ...... te puedes hacer daño.
a) pero
b) entonces
c) aunque
d) porque

12. ¿Qué ...... calza usted?
a) dimensión
b) grande
c) talla
d) número

13. No estoy ...... a estos lujos.
a) parecida
b) a veces
c) acostumbrada
d) alojada

14. La entrada es por el otro ....
a) cacho
b) al lado
c) parte
d) lado

15. Alguien va a venir a ...... a las 8.
a) buscarme
b) tratarme
c) esconderme
d) estar

16. Sólo he venido para ...... unas preguntas.
a) pasar
b) practicarte
c) proponerte
d) hacerte

17. Han ...... cambiarse de casa el próximo verano.
a) hallado
b) querido
c) decidido
d) asegurado

18. Tú eres ...... la persona que yo buscaba.
a) ya
b) este
c) parte
d) justamente

19. Según su ...... de la historia, ha sido un asesinato.
a) versión
b) parte
c) caso
d) clase

20. Tenía una gran mansión ...... un lago.
a) lado de
b) a cerca
c) por
d) cerca de

1. Has llegado justo en el ...... oportuno.
   a) tiempo
   b) minuto
   c) espacio
   d) momento

2. Tengo ...... de saber cómo has arreglado eso.
   a) esfuerzo
   b) valor
   c) ganas
   d) envidia

3. Declaró que ...... donde se escondía el asesino.
   a) sabrá
   b) sabría
   c) sabe
   d) sabía

4. ...... , tu primo y tu hermano, irán a la misma facultad.
   a) Dos
   b) Ambas
   c) A dos
   d) Ambos

5. No te voy a dejar ir ...... una disculpa.
   a) para
   b) en
   c) sin
   d) con

6. Mi estado financiero no me permite ...... esos gastos.
   a) gastar
   b) tocar
   c) hacer
   d) poner

7. Me dijo que su madre ...... enferma.
   a) estaba
   b) tenía
   c) era
   d) es

8. Si tienes frío en los pies ponte ....
   a) calcetines
   b) nieve
   c) bufanda
   d) guantes

9. El bolso vale ahora menos dinero, está ......
   a) por las nubes
   b) gracioso
   c) rebajado
   d) encarecido

10. El circo sirve para ...... a los niños.
   a) acercar
   b) alojar
   c) pasar
   d) divertir

11. En sus obras a menudo utiliza palabras muy ....
   a) ortógrafas
   b) incorrectas
   c) tremendas
   d) poco usuales

12. Lamento ...... que tu padre ha tenido un ataque.
   a) preveerte
   b) prometerte
   c) asegurarte
   d) comunicarte

13. Unos estaban en el salón y ...... en el jardín.
   a) otros
   b) mucho
   c) algún
   d) poco

14. Le ha prometido que el año que viene la ...... de vacaciones.
   a) aportará
   b) cogerá
   c) llevará
   d) traerá

15. He puesto las flores en el ....
   a) pote
   b) jarrón
   c) paragüero
   d) rayón

16. Más vale prevenir que ....
   a) tener
   b) volar
   c) tirar
   d) lamentar

17. No tengas ...... de decirle lo que te pasa.
   a) candor
   b) valor
   c) miedo
   d) vigilancia

18. Si quieres ir allí te ...... mi coche.
   a) dijo
   b) dejaré
   c) dejaría
   d) dejaba

19. Tiene una verdadera ...... por su oficio.
   a) razón
   b) labor
   c) pasión
   d) apetito

20. Nos gusta que ...... con nosotros.
   a) has comido
   b) comías
   c) comas
   d) comes

1. Hay muchos casos ...... el tuyo.
   a) que
   b) así
   c) tal
   d) como

2. Mi perro es inteligente pero ...... se pasa todo el día dormido.
   a) el tuyo
   b) el tú
   c) tuyo
   d) la tuya

3. Dijo ...... lo que pensaba.
   a) posible
   b) expresa
   c) sabía
   d) claramente

4. Al otro lado del pasillo ...... la puerta del baño.
   a) se place
   b) se hace
   c) está
   d) es

5. Es necesario que todos sean ...... iguales.
   a) tenidos
   b) parecidos
   c) considerados
   d) valorados

6. Ha decidido que se ...... un poco más con nosotros.
   a) anda
   b) contenta
   c) traslada
   d) queda

7. En las páginas del diario se ...... los sucesos.
   a) parecen
   b) relatan
   c) aseguran
   d) tienen

8. Sabían que estaba allí porque lo ....
   a) decía
   b) comunica
   c) había comunicado
   d) comunicado

9. Este año no ...... muchas lluvias.
   a) hubo habido
   b) habría
   c) ha habido
   d) había

10. El director se encarga ...... dirigir la empresa.
    a) para
    b) de
    c) a
    d) en

11. Todos parecían contentos pero ...... estaban preocupados.
    a) aproximadamente
    b) en el fondo
    c) segura
    d) a penas

12. La pesca ...... una de las grandes riquezas del país.
    a) parte
    b) constituye
    c) está
    d) sacar

13. Este puerto ha ...... sus capturas este año.
    a) podido
    b) largado
    c) aumentado
    d) cogido

14. Hay un problema ...... en este asunto.
    a) evidente
    b) claramente
    c) subido
    d) plácido

15. El periodista hizo un ...... sobre la región.
    a) paisaje
    b) homenaje
    c) recuerdo
    d) reportaje

16. ...... año se repite la misma historia.
    a) Mismo
    b) Alguno
    c) Cada
    d) Del

17. Había algunos pintores en la plaza ...... pueblo.
    a) al
    b) en
    c) de
    d) del

18. La ...... de la vida es cada día más alarmante.
    a) alegría
    b) seguridad
    c) caro
    d) carestía

19. En esta región ...... mucho vino y sidra.
    a) hace
    b) practica
    c) produce
    d) se produce

20. Cuando entré en casa el teléfono ...... descolgado.
    a) estaba
    b) era
    c) es
    d) está

1. Los años no pasan en ....
   a) seguridad   b) razón
   c) forma   d) balde

2. No entiendo ...... se comporta así.
   a) cuándo   b) por qué
   c) qué   d) cómo

3. Este año he ...... ahorrar un poco más.
   a) obtenido   b) conseguido
   c) sacado   d) cedido

4. Me agrada que te ...... con nosotros.
   a) quede   b) quedaste
   c) quedas   d) quedes

5. Te veré ...... del trabajo como siempre.
   a) a partir   b) ante
   c) cuando   d) después

6. ¿Qué ...... para cenar, cariño?
   a) hay   b) había querido
   c) quiero   d) quería

7. Se ha estado ...... con una chica durante este mes.
   a) comiendo   b) visto
   c) ver   d) viendo

8. Me ha asegurado que me ...... el coche mañana.
   a) entregue   b) ha entregado
   c) entregará   d) entregara

9. El chandal ...... ha quedado un poco pequeño, Daniel.
   a) se tú   b) te el
   c) te se   d) se te

10. Me da ...... que vengas o no.
   a) tal   b) tanto
   c) mismo   d) igual

11. Si lo haces ...... otra manera te quedará mejor.
   a) a   b) de
   c) por   d) con

12. Mi madre le ha preguntado ...... quiere quedarse.
   a) como   b) tal vez
   c) que   d) si

13. ...... estaba preocupado pero luego me acostumbré.
   a) Al primero   b) Al debut
   c) Al pronto   d) Al principio

14. Han realizado una ...... para saber la opinión de la gente.
   a) encuesta   b) pregunta
   c) vista   d) charla

15. Te aseguro que no es mi ...... molestarte.
   a) pasado   b) posibilidad
   c) carácter   d) intención

16. Me preocupa que ...... salga mal.
   a) nadie   b) nunca
   c) algo   d) alguien

17. Sabes que ...... pueda te ayudaré con gusto.
   a) algo   b) cuando
   c) algo   d) si

18. ¿Me dejas que lo ...... yo?
   a) encuentro   b) hago
   c) intente   d) pase

19. Tu pasado no me ....
   a) importa   b) pasa
   c) pega   d) encaja

20. Lucha ...... conseguir un ...... de su salario.
   a) por/mejor   b) para/apoyo
   c) por/aumento   d) con/menor

1. Quiero informarte ...... me han negado toda ayuda.
   a) a que
   b) con que
   c) en que
   d) de que

2. ¿Dices eso en serio o ...... ?
   a) en risa
   b) por negocio
   c) en broma
   d) en caso

3. Sólo estoy ...... un aumento del 6%.
   a) solicitar
   b) callando
   c) solicitando
   d) logrando

4. Sólo tengo ganas de que me dejen en ....
   a) ley
   b) paz
   c) tranquilo
   d) paro

5. Conozco a ese amigo ....
   a) de vuestro
   b) de vos
   c) vuestro
   d) vosotros

6. Algunos dicen que ...... pueda arreglarse todo.
   a) toda vez
   b) tales vez
   c) quizá
   d) una vez

7. Me parece que ya ...... bien por hoy.
   a) logra
   b) parece
   c) es
   d) está

8. ...... la próxima semana no veré esa película.
   a) Para
   b) En
   c) A
   d) Hasta

9. Se preguntaba por qué ...... allí sentado.
   a) quiere
   b) hallaba
   c) está
   d) estaba

10. El programa trata ...... unos objetivos.
    a) de preparar
    b) de estar
    c) cumplir
    d) de cumplir

11. Si vienes aquí te ...... mi moto.
    a) he prestado
    b) prestaría
    c) prestaré
    d) preste

12. Si tuviera dinero me ...... ese reloj.
    a) compraré
    b) compraría
    c) compro
    d) dejaré

13. Me interesa que se ...... todos los puntos decididos.
    a) seguido
    b) siguieran
    c) siguen
    d) sigan

14. Hay ...... dice que eso no es importante.
    a) para
    b) cual
    c) que
    d) quien

15. No debería ...... una gran diferencia entre las clases.
    a) haber
    b) presentar
    c) señalar
    d) hay

16. ...... relación es parte de amor y parte de odio.
    a) Esto
    b) Esta
    c) Aquel
    d) Este

17. Hay que ...... a ver la televisión.
    a) vocar
    b) hablar
    c) señalar
    d) aprender

18. Al acostarse le dio ....
    a) las buenas noches
    b) el hola
    c) el adiós
    d) los buenos días

19. Decide qué ...... hacer esta noche.
    a) haces
    b) quiera
    c) querer
    d) quieres

20. ¿ ...... decirme donde está la Avenida Carlos V, por favor?
    a) Sabe
    b) Cabe
    c) Podría
    d) Debería

1000 TESTS ESPAÑOL

1. Creí que ...... saber lo que ha sucedido.
   a) has debido   b) deberás
   c) debes   d) deberías

2. Haré yo ...... esas tareas, me encargaré personalmente.
   a) mal   b) mismo
   c) el mismo   d) tal cual

3. Todo ...... ha pasado no es por casualidad.
   a) el que   b) lo que
   c) que   d) la que

4. Si no tienes relación con esto ¿qué ...... aquí?
   a) hagas   b) harías
   c) haces   d) harás

5. Si tú tienes razón te ...... el dinero.
   a) daba   b) diera
   c) daré   d) doy

6. ¿ ...... has dicho que te llamabas?
   a) Cuándo   b) Cuánto
   c) Qué   d) Cómo

7. Parece que tenía ...... por irse.
   a) rapidez   b) éxito
   c) cuidado   d) prisa

8. Este año han robado 3 ...... el banco.
   a) sábados   b) lados
   c) años   d) veces

9. Si aceptara quedarme me ...... aquí contigo.
   a) he instalado   b) instalaba
   c) instalaré   d) instalaría

10. Necesito tu ayuda para encontrar ...... que vive en esta ciudad.
    a) cuando   b) algún
    c) alguien   d) a alguien

11. Siempre fuimos los dos ....
    a) tanto   b) tal
    c) iguales   d) igual

12. No debes meterte en ...... no te importa.
    a) este que   b) la que
    c) que   d) lo que

13. Me parece que ya tienes ...... por hoy.
    a) algo   b) eso
    c) tanto   d) bastante

14. Mi casa es un ...... bastante alegre y acogedor.
    a) lugar   b) aspecto
    c) lejano   d) sitiado

15. En mi barrio ...... personas de diferentes razas.
    a) aparece   b) son
    c) hay   d) están

16. ¿De ...... dinero dispones para invertir?
    a) cuál   b) cuánto
    c) cuándo   d) cómo

17. He tirado todos los papeles a la ....
    a) ventana   b) fuera
    c) basurero   d) papelera

18. Cuando termines ...... todo eso, avísame.
    a) a   b) de
    c) en   d) con

19. Repite otra vez eso que ...... de decir.
    a) dejas   b) tienes
    c) vas   d) acabas

20. Ese árbol está ...... muy rápido.
    a) crecer   b) crecido
    c) creciendo   d) yendo

1. ¿Por qué no ...... has dicho la verdad.
   a) le
   b) se
   c) lo
   d) la

2. Todavía ...... falta un poco de sal.
   a) la
   b) se
   c) lo
   d) le

3. He ...... la puerta para dejar pasar a la gente.
   a) abriendo
   b) abierto
   c) abrido
   d) cerrado

4. ¿Te preocupa ...... o estás triste?
   a) algo
   b) nada
   c) nadie
   d) alguno

5. ...... tengo ganas de acabar con este tema.
   a) Ya
   b) Pues
   c) Casi
   d) Entonces

6. En este libro encontrarás todos los ...... sobre eso.
   a) caprichos
   b) caracteres
   c) detalles
   d) seguros

7. ¡...... vuelvas a hacer eso te pego!
   a) Cuando
   b) Qué
   c) Como
   d) Si

8. ¡...... gente hay en la calle!
   a) Cuántos
   b) Cuánta
   c) Cuánto
   d) Cuántas

9. ¿ ...... han venido a tu casa esta tarde?
   a) Que los
   b) Cuálos
   c) Quién
   d) Quiénes

10. Hay que ...... la hierba del jardín, está muy alta.
    a) regar
    b) cortar
    c) hacer
    d) talar

11. Ha dicho que vendrá ....
    a) sin caso
    b) casi
    c) ya
    d) enseguida

12. El tren se salió de ...... y descarriló.
    a) la vía
    b) el muelle
    c) el andén
    d) la calle

13. Mi familia lleva años ...... aquí.
    a) a vivir
    b) por vivir
    c) vivido
    d) viviendo

14. ¿Cuántos ...... sois en vuestra familia?
    a) gente
    b) señores
    c) miembros
    d) personas

15. Le dejé el disco ...... todavía no me lo ha devuelto.
    a) ya
    b) pero
    c) claro
    d) si

16. Me ...... ha dejado para que lo lea.
    a) les
    b) se
    c) le
    d) lo

17. ¡Recoge eso que has ......!
    a) hecho
    b) caído
    c) tirado
    d) arrojando

18. Si hace buen tiempo....... a pescar con Juan.
    a) iba
    b) veré
    c) iría
    d) iré

19. El coche pasó ...... por la calle.
    a) posadamente
    b) sosamente
    c) estáticamente
    d) rápidamente

20. Termina todo y luego ...... irte.
    a) quieres
    b) puedes
    c) está
    d) vas

1. Al andar hacía un ...... raro.
   a) golpe
   b) cojera
   c) gesto
   d) parecido

2. Se ha dado un golpe cuando ...... por la escalera.
   a) bajaba
   b) baja
   c) bajé
   d) bajó

3. No oye nunca a nadie, siempre está ....
   a) distraído
   b) alejado
   c) bobo
   d) limpio

4. El cuadro está ...... perfecto estado.
   a) a
   b) por
   c) con
   d) en

5. Repite ...... que acabas de decirme
   a) lo cual
   b) eso
   c) esas
   d) el que

6. Ha tenido un terrible accidente y está vivo. ......
   a) por deseo
   b) por su culpa
   c) de milagro
   d) por azar

7. Ella no quiere que yo ...... nada.
   a) digo
   b) diga
   c) decir
   d) dice

8. Pedro dijo que ...... a venir a vernos esta noche.
   a) iba
   b) viene
   c) tiene
   d) ha

9. No ...... la puerta. Déjala abierta.
   a) cierras
   b) cerrar
   c) cerrad
   d) cierres

10. Lo contrario de "venid" es "no ...... ".
   a) vengas
   b) vengáis
   c) venid
   d) venir

11. ¿Cuándo vas a ...... ?
   a) decírlome
   b) decírmelo
   c) me lo decir
   d) me decirlo

12. ¿Cuánto valía ...... me diste?
   a) que
   b) lo que
   c) qué
   d) eso

13. Se supone que la gente ...... buena en el fondo.
   a) es
   b) son
   c) está
   d) hay

14. ...... puede entrar en esa casa.
   a) Cualquiera
   b) Quienquiera
   c) Quien
   d) Cual

15. ¡No ...... todavía! Estoy vistiéndome.
   a) entras
   b) entra
   c) entres
   d) entro

16. ¿...... había en el banco?
   a) Cuanto
   b) Cuánto
   c) Cuando
   d) Cuándo

17. Cuando usted ...... ¿qué vió?
   a) llega
   b) llegaste
   c) llegó
   d) llegue

18. Ayer noche le ...... desde una cabina.
   a) telefoneé
   b) teléfono
   c) telefoné
   d) telefone

19. Me temo que ese vaso está...
   a) rompido
   b) rompiendo
   c) roto
   d) romper

20. Eso es ...... quería que hicieras.
   a) que
   b) lo que
   c) qué
   d) lo qué

Otras obras de interés del mismo autor

Frases estructuradas - niveles 1, 2, 3
Ejercicios diversos - niveles 1, 2, 3
Crucigramas didácticos - niveles 1, 2, 3
Juegos de palabras - niveles 1, 2, 3
Tests - niveles 1, 2, 3, 4, 5,
Gramática española - niveles 1

Comics

Pinocho (con casete)
Heidi (con casete)
Tom Sawyer (con casete)
Alí Babá

Narrativa breve

La cajita mágica (niños)
El perro fiel (jóvenes)
Cómo comportarse (adultos)
Error trágico (adultos)
Historias verídicas (adultos)